Eva Wlodarek
Du bist einfach großartig!

Eva Wlodarek

Du bist einfach großartig!

Sich entfalten und strahlen

KREUZ

© KREUZ VERLAG
in der Verlag Herder GmbH, Freiburg im Breisgau 2015
Alle Rechte vorbehalten
www.kreuz-verlag.de

Umschlaggestaltung: Designbüro Gestaltungssaal
Umschlagmotiv: © Shutterstock
Illustrationen: © Eva Wlodarek

Innengestaltung und Satz: agentur IDee · www.agenturidee.de
Herstellung: CPI books GmbH, Leck

Printed in Germany

ISBN 978-3-451-61358-6

Inhalt

Vorwort

Liebe .... (hier bitte den Namen einsetzen),

normalerweise bin ich mit dem „Du" ziemlich zurück-
haltend. Als kürzlich eine junge Frau aus dem IT-Bereich
locker dazu übergehen wollte, habe ich mich höflich dagegen
verwahrt. Und nun duze ich Sie … dich … einfach so. Da
bin ich wohl eine Erklärung schuldig: Manchmal bekomme
ich von Leserinnen eine Mail, dass ihnen ein Buch besonders gefallen hat. Darüber freue ich mich immer sehr. In einer Rückmeldung schrieb eine Leserin (ich bin zwar jetzt
etwas verlegen, aber ich zitiere trotzdem den ganzen Satz):
„Sie haben eine so charmante und warmherzige Art, einem
Hilfestellung zu geben, *dass man das Gefühl hat, in Ihnen
eine geheime Freundin zu haben.*" Der zweite Teil des Lobes
ist mir besonders kostbar, denn er trifft genau das Gefühl,
das ich beim Schreiben dieses Buches habe. Ich möchte
das wirkungsvolle psychologische Handwerkszeug wie eine
gute Freundin weitergeben. Und unter Freundinnen duzt
man sich nun mal. Also, ich hoffe, ich darf das, ohne über-
griffig zu sein.

Unter Freundinnen hält man sich auch nicht lange mit
Erklärungen auf. Schließlich kennt man einander gut und
dringt im Gespräch schnell zum Wesentlichen vor. Deshalb
gebe ich in diesem Buch nicht wie in meinen anderen Rat-
gebern umfangreiche wissenschaftliche Erläuterungen oder
viele Beispiele, sondern komme gleich zur Sache. Ich habe
dir bewährte Übungen für die verschiedenen Bereiche des
Lebens zusammengestellt. Suche dir aus, was dich anspricht
oder was du gerade brauchst. Die meisten kannst du direkt

schriftlich im Buch ausführen. Oder du nimmst dir zusätzlich Stift und Papier, wenn es noch umfassender sein soll. Natürlich habe ich alles, was ich dir vorschlage, mit vielen Klientinnen und auch mit mir selbst erprobt, und deshalb erzähle ich hier und da etwas von meiner eigenen Erfahrung.

Doch nun kommen wir zur Hauptsache: Freundinnen finden sich trotz aller kleinen Schwächen großartig. Sonst wären sie ja keine Freundinnen. Deshalb gehe ich hier ganz selbstverständlich davon aus: Du bist schon von Haus aus großartig. Niemand hat so eine Mischung von Eigenschaften wie du, keine bietet die gleiche Kombination von Talenten oder hat deine spezielle Lebenserfahrung. Kurz und gut, du bist einmalig. Aber vermutlich geht es dir wie jedem von uns. In manchen Bereichen ist die Wahrnehmung der eigenen Großartigkeit getrübt, so wie Silber mit der Zeit angelaufene Stellen bekommt. Dann muss man putzen, bis es wieder glänzt. Die Vorschläge und Übungen in diesem Buch sind so eine Art mentales Silberputzmittel und helfen dir, dort zu deiner ursprünglichen Großartigkeit zurückzufinden, wo du Bedarf siehst.

Ich wünsche dir, dass du einen großen Nutzen aus diesem Buch ziehst. Und weil man unter Freundinnen gerne etwas austauscht, ist es auch als Geschenkbuch gedacht, für deine beste Freundin, Schwester, Tochter, Mutter, Kollegin. Ich male mir aus, dass dieses kleine Buch Kreise zieht und wir damit zusammen eine sanfte Revolution weiblicher Großartigkeit auslösen.

Herzlichst
Deine Eva Wlodarek

1.

Du fühlst dich
großartig

Du bist sorglos

Setz doch bitte die dunkle Brille ab und probier mal dieses rosa Modell. Wusste ich's doch, das steht dir viel besser!

Wenn es bloß so einfach wäre, ein Stimmungstief zu überwinden. Sich wie Baron von Münchhausen an den eigenen Haaren aus dem Sumpf des Trübsinns zu ziehen, erscheint verflixt schwer. Wie sollen wir schließlich gut drauf sein oder heitere Sorglosigkeit versprühen, wenn die Umstände nicht entsprechend sind? Zugegeben, es erfordert eine Menge Kraft, dagegen zu steuern. Aber möglich ist es. Sorgen und Niedergeschlagenheit haben nämlich nur vordergründig mit unserer Lebenssituation zu tun. „Nicht die Dinge verursachen das Leid, sondern wie wir auf sie reagieren", lehrte schon der antike Philosoph Epiktet. Den Beweis dafür liefern Menschen, die sich in schlimmer Lage befinden und trotzdem einen optimistischen Gemütszustand behalten. Sie lassen sich von den Umständen nicht einfach unterkriegen, sondern bieten ihnen Paroli. Vor Kurzem las ich in der Zeitung einen Bericht über eine schwerkranke Frau, die die meiste Zeit ans Bett gefesselt ist. Objektiv ein wirklich deprimierender Zustand. Um sich selbst geistig und seelisch aus dem Tief zu bringen, setzte sie eine besondere Idee um: Sie schrieb an Prominente, deren Leistung sie bewunderte, und bat um ihr Lebensmotto. Personen aus Politik, Kunst und Wissenschaft antworteten und sendeten ihr einen Satz, der ihnen Zuspruch bedeutete, meist samt ausführlicher Erläuterung. Aus den zahlreichen ermutigenden Sprüchen zog die kranke Frau so viel Kraft, dass sie bis heute ihre Lebensfreude behalten hat und auf die Menschen in ihrer Umgebung ausgesprochen positiv wirkt. Zweifellos eine beeindruckende Art, sich zu motivieren. Doch es gibt noch andere wirkungsvolle Strategien, den inneren Schalter umzulegen. Die Amerikaner haben dafür ein optimistisches Sprichwort: „Wenn dir das Leben Zitronen serviert, mach Limonade daraus." Du steckst gerade in so einer festgefahrenen Situation, bist deprimiert oder machst dir Sorgen? Mit dem folgenden Programm bringst du dich wieder in den Aktivmodus.

Rezepte gegen die schlechte Stimmung

 Tu etwas – egal was!
Lähmende Gefühle verschwinden nicht durch Grübeln auf dem Sofa. Nur durch Handeln lassen sie sich überwinden. Dabei musst du keineswegs in dem Bereich aktiv werden, in dem es gerade nicht so gut läuft, etwa im Beruf oder in der Partnerschaft. Das ist zurzeit vielleicht unmöglich. Such dir einfach ein beliebiges Projekt: Dekoriere die Wohnung um, räum deinen Schreibtisch auf, sortiere deinen Kleiderschrank. Jede Art von Aktivität vertreibt die gedrückte Stimmung.

 Bestell dir Streicheleinheiten
Freunde können dich emotional aufbauen. Allerdings darfst du nicht erwarten, dass jemand schon von selbst weiß, was du benötigst. Gib also eine Gebrauchsanweisung für deine Seele und äußere deine Wünsche ganz präzise. Etwa so: „Bitte schick mir jeden Tag eine SMS mit ein paar netten Worten." Oder: „Gehst du mit mir ins Kino, damit ich auf andere Gedanken komme?" Nur keine falsche Scheu! Du wirst staunen, wie gerne andere deine Bedürfnisse erfüllen und dir Trost und Unterstützung spenden.

Richte eine geistige Hausapotheke ein

Es gibt sogar Helfer, die Tag und Nacht abrufbereit sind: Ermutigende Bücher. Lies Biografien von Menschen, die sich ebenso durchbeißen mussten wie du und die es dann schließlich doch geschafft haben. Auch gute Ratgeber vermitteln dir das Gefühl: „Ich kann etwas ändern!" Lies jeden Tag ein paar Seiten. Das wirkt wie Medizin gegen Sorgen und Mutlosigkeit.

 Glaube daran, dass es besser wird

Je eher du etwas für möglich hältst, desto wahrscheinlicher wird es. „Selbsterfüllende Prophezeiung" nennt man das. Pol dich ganz gezielt um auf die positive Erwartung, indem du die gewünschte Veränderung konkret vorbereitest, auch wenn sie noch nicht in Sicht ist. Du möchtest mal wieder unbeschwert feiern? Kauf jetzt schon die Partydekoration. Dein Unterbewusstsein nimmt diese Signale der Hoffnung auf und steuert dein Verhalten entsprechend.

 Lass los

Oft machen wir uns unglücklich, weil wir darauf bestehen, dass die Dinge so und nicht anders passieren müssen. Vielleicht hältst stur an der Vorstellung einer idealen Liebe fest oder willst unbedingt einen bestimmten Karriereschritt machen. Es ist durchaus sinnvoll, sich Ziele zu stecken und am Ball zu bleiben. Doch wenn die Türen zu lange verschlossen bleiben, kann das auch ein Hinweis darauf sein, dass du nach neuen Wegen suchen solltest. Frage dich: Wenn ich das nicht erreiche, was kann ich stattdessen tun? Bleibe wach für Gelegenheiten, die sich dir außerhalb deiner bisherigen Vorstellungen bieten.

Rituale gegen quälende Gedanken

Es gibt Gedanken, die kleben wie Kaugummi an der Schuhsohle. Obwohl wir wissen, dass sie uns nicht weiterbringen, uns nur schwächen oder sogar schaden, kriegen wir sie einfach nicht aus dem Kopf. Etwa in solchen Fällen:

- Du bist in der Partnerschaft betrogen worden. Das ist schon ewig her, offiziell habt ihr euch längst wieder versöhnt. Aber deine Gedanken kreisen immer noch darum und vergiften die Beziehung.
- Du liegst im Bett und willst endlich einschlafen. Klappt nicht, weil du dir vorstellst, was morgen alles schief gehen könnte.
- Ein dir nahestehender Mensch ist mit dem Auto unterwegs und hat noch nicht angerufen. Du vermutest gleich das Schlimmste. Bestimmt hatte er einen Unfall und liegt bewusstlos im Krankenhaus.
- Zurzeit ist alles im grünen Bereich. Trotzdem überfallen dich tausend Zukunftsängste. Was ist, wenn du irgendwann deinen Job verlierst? Wenn du alt bist? Wenn du krank wirst?
- Dumm gelaufen neulich. Du kannst dir dein Verhalten einfach nicht verzeihen und haderst noch tagelang mit dir.
- Du sitzt zuhause und malst dir in Farbe aus, was dein(e) Liebste(r) wohl abends auf der Geschäftsreise treibt.
- Der Neid auf den Erfolg einer Kollegin quält dich so heftig, dass du dich über deine eigenen Möglichkeiten gar nicht mehr freuen kannst.

Schön wäre es, wenn sich Gedanken so locker wechseln ließen wie Gesprächsthemen. Doch so einfach geht es leider nicht immer. Wenn quälende Gedanken ständig wiederkehren, liegen die Ursachen dafür meist tief. Sie haben mit mangelndem Selbstwertgefühl oder mit existenziellen Ängsten zu tun. Das lässt sich nicht nach dem Motto: „Schluss jetzt mit der nutzlosen Grübelei" abstellen. Intensive Arbeit an sich selbst, in hartnäckigen Fällen auch mit fachlicher Unterstützung, ist ein guter und gründlicher Weg, sich davon zu befreien.

Die folgenden Techniken und Rituale bieten eine Erste Hilfe, um schwarze Gedanken abzumildern oder zeitweise zu vertreiben. Einige Methoden werden dir vielleicht ziemlich magisch vorkommen. Tatsächlich setzen Heiler und Schamanen fremder Kulturen erfolgreich bildliche Vorstellungskraft ein, um die geistige Widerstandskraft ihrer Klientel zu stärken. Warum solltest du nicht auch Nutzen daraus ziehen? Probiere aus, was bei dir wirkt.

♛ Engagiere deinen Schutzengel

Sorgen und Ängste quälen uns vor allem dann, wenn wir kaum Kontrolle über die Umstände haben. Gläubige Menschen beruhigen sich, indem sie ihre Befürchtungen im Gebet an eine höhere Macht abgeben. Sie sind davon überzeugt, sich damit an eine Kraftquelle anzuschließen, die ihnen weit überlegen ist. Versuch es doch einmal, auch wenn du nicht daran glaubst. Dein Schutzengel ist in dem Punkt tolerant. Schließe die Augen und sage ihm, um was genau er sich kümmern soll. Es kann gut sein, dass du dich daraufhin viel ruhiger und friedlicher fühlst.

♛ Treib es auf die Spitze

Mal dir den allerschlimmsten Fall aus. Etwa, dass du bei der Präsentation den totalen Blackout hast. Dass dich deine große Liebe Knall auf Fall verlässt. Dass dein Chef dir genau 24 Stunden gibt, um deinen Schreibtisch zu räumen. Dass die Inflation deine ganzen Ersparnisse frisst. Entwickle eine konkrete Strategie, wie du mit diesem schlimmsten Fall umgehen wirst, sollte er tatsächlich eintreten. Was genau wirst du tun? Wie wirst du dich trösten? An wen wirst du dich wenden? Mit Plan B in der Tasche fühlst du dich dem möglichen Supergau nicht mehr hilflos ausgeliefert.

♛ Zieh den Abflussstopfen

Schließe die Augen. Stell dir vor, deine negativen Gedanken sind Schmutzwasser und füllen eine Badewanne bis zum Rand. Zieh nun den Stopfen heraus und sieh zu, wie die schwarze Brühe langsam gurgelnd durch den Abfluss verschwindet. Spüle frisches, klares Wasser nach.

Oder pack in deiner Fantasie sämtliche lästigen Grübeleien in einen großen Müllsack. Deponiere ihn vor der Haustür. Sieh nun vor deinem inneren Auge, wie die Müllabfuhr kommt und den ganzen Abfall entsorgt.

♛ Fessle deine Gedanken

Du kannst zwar zwei Dinge gleichzeitig tun, aber nicht gleichzeitig denken. Nutze diese Tatsache für dein seelisches Gleichgewicht, indem du dich gezielt ablenkst. Je spannender das Material für dein Ablenkungsmanöver ist, desto besser klappt es. Bewährt haben sich Krimis, als Buch oder im Fernsehen. Alles, was deine volle Aufmerksamkeit verlangt, wirkt. Solange du dich auf ein Tennismatch konzentrierst oder deinem Kind das kleine Einmaleins abfragst, hast du keine Kapazität zum Grübeln frei.

♛ Lass die Vergangenheit in Flammen aufgehen

Oft tun wir uns schwer damit, die Vergangenheit loszulassen. Wir sind immer noch wütend oder traurig über das, was in unserer Kindheit oder Jugend schiefgelaufen ist. Auch die jüngste Vergangenheit belastet, wenn wir in Trauer oder Rache stecken bleiben. Mach dir bitte bewusst: Nur durch deine Gedanken hältst du das Gestern lebendig. Befreie dich davon mit einer symbolischen Handlung. Schreib das, was du für immer loslassen möchtest, auf ein Blatt Papier. Reiß es in kleine Stücke und zünde es in einem Aschenbecher an. Schau zu, wie die Flamme die alte Geschichte endgültig vernichtet.

♛ Nutze die Scarlett-O'Hara-Methode

Scarlett O'Hara ist die Heldin in Margret Mitchells berühmten Südstaaten-Roman „Vom Winde verweht". Konnte sie ein Problem nicht sofort lösen, dann verschob sie jeden Gedanken daran mit dem Satz: „Morgen ist auch noch ein

Tag." Manchmal erledigen sich Dinge von selbst, indem du sie einfach geduldig aussitzt. Oder du nimmst dir vor, erst einmal Kraft zu tanken, bevor du die Situation angehst. Auch möglich: Du legst einen bestimmten Termin fest, an dem du über das Problem nachdenken wirst, etwa am Samstag von 15:00 bis 16:00 Uhr. Die übrige Zeit brauchst du dich dann nicht damit zu beschäftigen. Auf diese Weise grenzt du deine Grübelei zumindest ein.

Meine Erfahrung

Während eines Seminars in einem Hotel wollte ich den Teilnehmerinnen die Möglichkeit geben, ihre negativen Glaubenssätze, die sie auf kleine Zettel geschrieben hatten, mit dem Ritual „Lass die Vergangenheit in Flammen aufgehen" symbolisch zu vernichten. Zu diesem Zweck hatte ich von zuhause eine gusseiserne Schale mitgebracht. Alle warfen ihre Zettel hinein. Gerade wollte ich ein Streichholz daran halten, da fiel mir ein Kellner, der zufällig in dem Augenblick Getränke brachte, panisch in den Arm: „Um Himmels Willen, tun Sie das nicht! Da geht sofort unsere Sprinkleranlage los." Das wäre gewiss unvergesslich gewesen: Wir alle klatschnass. War wohl doch keine so gute Idee. Also, bitte Vorsicht!

Du bist mutig

Die Anti-Angstformel

Eines der größten Hindernisse, das großartige Leben zu führen, das wir uns wünschen, ist die Angst. Kein Wunder, denn Veränderung ist meist mit einem Risiko verbunden. Schließlich gibt es keine Garantie dafür, dass unser Mut mit Erfolg belohnt wird. Das lässt uns oft davor zurückschrecken, aktiv zu werden. Dabei enthält das meiste von dem, was wir uns vornehmen möchten, gar kein echtes Gefahrenpotenzial. Wir bilden uns die drohenden Konsequenzen nur ein und versetzen uns fantasievoll selbst in Angst und Schrecken. Tatsächlich tritt vieles von dem, was wir befürchten, gar nicht ein. Wie Woody Allen feststellte: „Bei allem, was passieren könnte, ist es doch erstaunlich, wie wenig passiert."

Zum Glück können wir übertriebene Ängste mit rationalen Überlegungen auf ein Mindestmaß beschränken. Eine wirkungsvolle Methode dazu stammt von dem amerikanischen Psychotherapeuten Gary Emery. Er hat eine geniale Formel entwickelt, mit der sich der individuelle Grad der Angst zunächst feststellen und dann verringern lässt. In der Schule war Mathematik zwar mein Schreckensfach, aber diese Formel liebe ich. Du wirst gleich sehen, warum.

Die Formel lautet:

Unbekanntes mal **Bedeutung** gleich **Grad der Angst.**

> **Schreib bitte zunächst auf, was du tun möchtest, wovor du dich aber gleichzeitig fürchtest:**
>
> ....
>
> ....
>
> ....

1. Schritt: Schätze das Unbekannte ein

Hier geht es darum, wie viel du schon über das weißt, was du – siehe oben – vorhast.

Ich gebe dir dafür mal ein Beispiel: Stell dir vor, du sollst im Zoo mit bloßen Händen in das Terrarium mit den Giftschlangen greifen. In dem Fall wäre der Unbekanntheitsfaktor enorm hoch. Schließlich hast du keine Ahnung, wie sich die Reptilien verhalten. Anders liegen die Dinge, wenn du dich mit Schlangen auskennst. Kürzlich sah ich in einer Tierdokumentation eine King Brown, eine der giftigsten Schlangen der Welt. Ein Biss von ihr tötet einen Menschen in drei Sekunden. Der Experte, ein kleiner dicker Mann im Khaki-Anzug, fasste sie mit einer Hand am Schwanzende, hielt sie auf Armeslänge von sich weg und ließ sie lässig herunterbaumeln. Während die King Brown wütend züngelte, erläuterte er ganz entspannt: „Sie hat nicht genug Kraft, um sich hoch zu winden." Je mehr du weißt, desto niedriger ist der Grad der Unbekanntheit einzuschätzen. Das gilt nicht nur für tödliche Vipern, sondern auch für deine geplante Aktivität. Frage dich also:

❓ Welche Informationen habe ich bereits?
❓ Welche Fähigkeiten besitze ich, die mir nutzen können?

❓ Welche Kenntnisse bringe ich mit, um die Situation erfolgreich zu bewältigen?

Kreuze nun an, wie hoch du den Grad für das Unbekannte an deiner geplanten Aktivität auf einer Skala von 0 bis 10 einschätzt.

0 = ist mir völlig bekannt, 10 = ist mir gänzlich unbekannt

⓪ - ① - ② - ③ - ④ - ⑤ - ⑥ - ⑦ - ⑧ - ⑨ - ⑩

Dein Punktwert: ....

2. Schritt: Schätze die Bedeutung ein

Eine ebenso entscheidende Rolle spielt, welche Bedeutung die Aktivität für dich hat. Was steht für dich persönlich auf dem Spiel?

Nehmen wir mal an, du hast dich bereit erklärt, in der Kita auf dem Elternabend einen kleinen Vortrag über gesunde Ernährung zu halten. Wenn du nur locker ein paar Fakten vermitteln willst, bekommt die Situation von dir etwa drei Bedeutungspunkte. Willst du damit bei den anderen Eltern richtig Eindruck schinden, erhöhst du möglicherweise auf fünf. Möchtest du dich damit für eine Stelle als Erzieherin oder Erzieher empfehlen, gibst du deinem Auftritt vielleicht schon acht Punkte. Du siehst, die Punktzahl hängt ganz von deiner subjektiven Einschätzung ab.

Frage dich deshalb für den zweiten Teil der Formel:
❓ Wie wichtig ist es für mich, dass ich mein Ziel erreiche?
❓ Welche Bedeutung hat es für mein Glück, meine Gesundheit, mein Selbstbild, mein Lebensziel?

❓ Wie sehr ist meine Existenz bedroht, wenn es schief geht?

Kreuze nun auf einer Skala von 0 bis 10 an, wie hoch du den Grad der Bedeutung für die geplante Aktivität einschätzt: 0 = völlig unwichtig, 10 = von größter Bedeutung

⓪ - ① - ② - ③ - ④ - ⑤ - ⑥ - ⑦ - ⑧ - ⑨ - ⑩

Dein Punktwert: ....

3. Schritt: Multipliziere die beiden Werte miteinander

Du hast zwei Zahlenwerte zwischen 0 und 10 gefunden. Einer steht für Unbekanntheit, der andere für Bedeutung. Diese beiden Werte multiplizierst du miteinander.

Beispiel: Dein Punktwert für Unbekanntheit liegt bei 7 und der für Bedeutung bei 4. Dann ist der Grad deiner Angst 7 mal 4 = 28.

Das Ergebnis misst du nun an der höchstmöglichen Punktzahl 100 (10 mal 10). Je niedriger es im Vergleich dazu ist, desto weniger Angst hast du. Je höher es ist, desto höher ist auch deine Angst. Du kannst intuitiv beurteilen, ob du deinen Wert als hoch oder niedrig empfindest. Oder du benutzt dazu meine kleine Auswertungstabelle:

> 0 – 19 Punkte: Maßvolle Angst
> 20 – 39 Punkte: Ziemliche Angst
> 40 – 59 Punkte: Viel Angst
> 60 – 79 Punkte: Große Angst
> 80 – 100 Punkte: Panik

Jetzt weißt du genau, wo du in puncto Angst stehst. Damit hast du eine Basis, um sinnvoll dagegen vorzugehen.

Du hast die Rechnung durchgeführt und dabei einen hohen Grad
der Angst erreicht? Das macht nichts.
Die Stärke deiner Angst ist nicht ein
für alle Mal festgeschrieben, sondern
kann von dir verändert werden. Die
Formel trägt schon die Lösung in sich.
Sieh dir doch einmal die beiden Fak-
toren genauer an, aus denen sie sich
zusammensetzt. Jeder enthält einen
praktischen Ansatz, um deine Angst
zu vermindern: Die Unbekanntheit
verringerst du durch mehr Information, die Bedeutung minimierst du,
indem du die Situation weniger wichtig nimmst. Und das geht so:

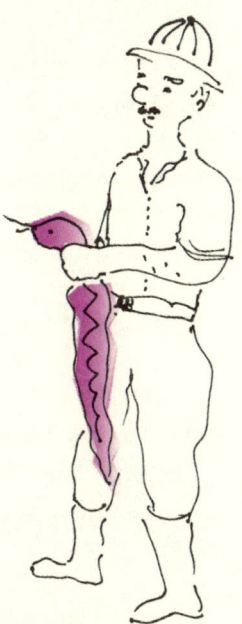

4. Schritt: Informiere dich über das Unbekannte
Wovor du dich auch immer fürchtest, bemühe dich,
mehr darüber zu erfahren. Damit hast du die Chance, eine
hochgiftige King Brown in eine harmlose Blindschleiche zu
verwandeln.

Angenommen, du hast einen Traumjob im Visier. Deine
Bewerbung war erfolgreich, man lädt dich zum Vorstel-
lungsgespräch ein. Langsam kriecht in dir die Angst hoch.
Deine Mitbewerber sind sicher viel kompetenter als du.
Und was ist, wenn dir auf eine Fachfrage keine gescheite
Antwort einfällt? Dein Angstpegel zittert sich bei einem ho-

hen Punktwert ein. Am liebsten möchtest du gar nicht hingehen, dann ersparst du dir wenigstens die Blamage.

Stopp! Hier greift der erste Teil der Gegenstrategie: Du erhöhst dein Wissen über das Unbekannte. Du siehst dir die Website der Firma genau an. Du erkundigst dich bei Insidern. Dabei informierst du dich auch über den Dresscode, damit du passend gekleidet bist. Dann präparierst du Antworten auf mögliche heikle Fragen. Schließlich testest du, wie lange du für den Weg zum Treffpunkt brauchst, damit du pünktlich dort bist.

Wetten, dass du mit diesem Know-how den Grad der Unbekanntheit mindestens um die Hälfte drückst?

Notiere hier mindestens drei Dinge, die du tun kannst, um noch mehr Informationen über das zu bekommen, was du vorhast:

1. ....

2. ....

3. ....

Setze diese drei Vorhaben so bald wie möglich um.

5. Schritt: Schraube die Bedeutung zurück

Jetzt geht es darum, die Wichtigkeit der Situation herunterzufahren. Je weniger entscheidend sie für dich ist, desto gelassener bist du. Und je gelassener du bist, desto mehr stehen dir deine Fähigkeiten zur Verfügung. Dabei helfen dir diese wirkungsvollen mentalen Techniken:

Im Vergleich dazu ist es ein Klacks!

Vergleiche das, was dir bevorsteht, mit Ereignissen in der Vergangenheit. Wenn du ein Kind hast, dann war die Geburt sicher tiefgreifender als das Vorstellungsgespräch, vor dem du dich fürchtest. Und du hast schon schwierigere Aufgaben gemeistert, etwa als du damals ganz alleine zum Studium ins Ausland gegangen bist.

 Den Versuch ist es wert

Mache dir bewusst, dass schon allein der Versuch, sich einer angsteinflößenden Situation zu stellen, einen Orden verdient. Auch wenn es daneben geht, du kannst in jedem Fall stolz auf dich sein. Die meisten Menschen sitzen nur bequem auf dem Sofa und tun keinen Schritt über ihre Komfortzone hinaus. Du dagegen riskierst etwas!

 Im Nachhinein betrachtet …

Sage dir: In fünf Jahren kräht kein Hahn mehr danach. Was für dich jetzt von höchster Bedeutung ist und dich in Angst versetzt, ist für dich vielleicht schon bald Schnee von gestern. Überleg mal: Wie oft hast du dich schon aufgeregt und es war dann im Endeffekt nur halb so schlimm? Oder es hat sich ein unerwarteter Ausweg gezeigt, mit dem du gar nicht gerechnet hattest?

Die Rest-Angst bewältigen

Mit der Formel hast du ein praktisches Instrument, um deine Angst zu überprüfen und zu reduzieren. In vielen Fällen wird durch mehr Information und durch eine verminderte Bedeutung die Angst schon deutlich kleiner. Noch mehr schrumpfen wird sie, wenn du dir klarmachst, dass du eigentlich nur gewinnen kannst. Vor lauter Angst, einen Fehler zu machen, vergessen wir, dass wir aus Fehlern lernen. Deshalb gibt es in Wirklichkeit nur etwas zu gewinnen, egal wie du dich entscheidest. Statt also zu grübeln: „Was verliere ich, wenn ich das riskiere?", oder: „Was kann mir Schlimmes passieren?", frage dich lieber: „Was kann ich dabei gewinnen?" Das endgültige Ergebnis kannst du zwar nicht kontrollieren, wohl aber lässt sich schon vorab beurteilen, was du gewinnst, wenn du dich auf das Unbekannte einlässt.

Überlege, welchen Gewinn es hat, wenn du dich für deine geplante Aktivität entscheidest.
Drei Punkte solltest du mindestens finden, es dürfen aber gerne auch mehr sein:

1. ....

2. ....

3. ....

... .

... .

... .

Ein Gewinn ist in jedem Fall dabei: Selbst wenn du keinen Erfolg haben solltest – was meist ja gar nicht der Fall ist –, gewinnst du durch den Versuch an Erfahrung, Profil und Persönlichkeit. Und vor allem: Du musst nie bereuen, dass du es nicht wenigstens versucht hast.

So verschwindet die Angst endgültig

Ich habe dir nun mein bestes psychologisches Werkzeug an die Hand gegeben, damit du deine Angst in den Griff bekommst. Vielleicht hast du es ausprobiert in der Erwartung, deine Angst würde total verschwinden. Und nun spürst du enttäuscht: „Ich habe ja immer noch etwas Angst." Haben die Instrumente versagt? Oder hast du etwas falsch gemacht? Weder noch. Ich muss jetzt wohl die Katze aus dem Sack lassen: Mit diesen Methoden kannst du zwar deine Angst auf ein angemessenes Maß reduzieren, doch endgültig weg geht sie nur selten. Es gibt ein einziges Mittel, sie völlig aufzulösen: Du musst genau das tun, wovor du Angst hast. Diesen letzten Schritt kann dir niemand abnehmen. Wenn du geklärt hast, was zu klären ist, dann musst du handeln. Im Vertrauen darauf, dass es gut wird – was immer auch dabei herauskommt.

Meine Erfahrung:
Ich erinnere mich noch an die Angst, die ich vor meinen ersten Vortrag hatte. Vor Aufregung konnte ich kaum schlafen. Ich bat meinen Hausarzt um ein Beruhigungsmittel. Der kluge Mann ließ nur über Baldrian mit sich reden. Am Abend stand ich mit weichen Knien hinter dem Pult und hielt tapfer meine Rede. Heute, viele Vorträge später, spreche ich frei vor Hunderten von Zuhörern, ohne dass ich vorab mehr als einen Adrenalinkick empfinde. Das Geheimnis dahinter: Die größte Angst hat man beim ersten Mal. Je öfter man dann diese Aktivität wiederholt, desto schneller schwindet die Angst – im besten Fall für immer.

Du bist dankbar

Es gibt viele wirkungsvolle Methoden, glücklich zu werden, doch diese ist ein Königsweg: Dankbarkeit. Durch sie verwandelt sich ein Gefühl des Mangels in Reichtum und Fülle. Robert Emmons, Psychologieprofessor an der *University of California*, hat zahlreiche Studien durchgeführt, um festzustellen, welche Auswirkungen eine dankbare Geisteshaltung auf das Glücksempfinden hat. So führte eine Gruppe von Versuchspersonen zehn Wochen lang ein Tagebuch, in das sie regelmäßig Erfahrungen aus ihrem Alltag eintrugen, für die sie dankbar waren. Sie listeten etwa Dinge auf wie „Mein Freund hat mir sein Auto geliehen", „Kompliment für meine neue Frisur" oder „Ein Glas Rotwein auf dem Balkon". Eine zweite Gruppe wurde angewiesen, genau das Gegenteil zu tun. Statt sich auf die guten Aspekte des Lebens zu konzentrieren, sollten sie Probleme aufzählen, mit denen sie täglich konfrontiert waren. Das fiel ihnen übrigens erstaunlich leicht. Auf ihrer Mängelliste fanden sich Punkte wie „Ich habe keinen Parkplatz gefunden" oder „Wieder schmutziges Geschirr in der Küche". Der Vergleich war beeindruckend: Die Gruppe mit den Dankbarkeitsprotokollen fühlte sich um volle fünfundzwanzig Prozent glücklicher als die Mecker-Gruppe. Sie sah optimistischer in die Zukunft und war in besserer körperlicher Verfassung.

Die Dankbarkeitsliste

Unser Glück lässt sich also erhöhen, indem wir uns vor Augen halten, wofür wir täglich dankbar sein können. Deshalb habe ich dir praktische Tipps zusammengestellt, damit du dir die guten Dinge in deinem Leben bewusst machst. Probier sie aus. Du wirst merken, wie sich dabei deine Einstellung wandelt.

Schreibe zehn Dinge auf, für die du derzeit dankbar bist.

1. ....
2. ....
3. ....
4. ....
5. ....
6. ....
7. ....
8. ....
9. ....
10. ....

Das Dankbarkeitstagebuch

Spürst du schon die positive Wirkung der Dankbarkeits-liste? Dann möchtest du diese vielleicht noch verstärken. Dabei hilft dir ein Dankbarkeitstagebuch.

- Schaffe dir einen Kalender an, bei dem jeweils ein Tag auf einer Seite steht, damit du genug Platz für deine No-tizen hast.
- Lege dir ihn mit einem Stift griffbereit neben dein Bett.
- Lass vor dem Schlafengehen den Tag Revue passieren. Bleibe dabei bitte nicht bei den unangenehmen Ereignis-sen hängen, sondern konzentriere dich ausschließlich auf die positiven Erlebnisse. Die müssen keineswegs spekta-kulär sein. In deinem Kalender kann etwa stehen: „In der Mittagspause in der Sonne gesessen" oder „Lob für mein Protokoll bekommen". Nach einer Weile wird dir das zur

Routine, so dass du auf schriftliche Notizen verzichten kannst. Dann reicht es, sich kurz vor dem Einschlafen mit geschlossenen Augen an alles Gute zu erinnern.

Meine Erfahrung
Ich habe diese Übung einige Monate lang ausprobiert. Jeden Abend trug ich in einen Taschenkalender in Stichworten die großen und kleinen erfreulichen Dinge ein. Was mich dabei immer wieder verblüffte: Wenn mir tagsüber etwas Gutes passierte, nahm ich das in dem Moment zwar durchaus wahr, aber schon bald verflüchtigte sich das positive Gefühl und war mir nicht mehr präsent. Hätte man mich gefragt: „Na, wie war denn dein Tag?", dann hätte ich bestimmt geantwortet: „Ganz normal, halt der übliche Stress." Erst als ich mich in der Rückschau am Abend wieder erinnerte, wurde mir bewusst, wie viel Schönes mir tatsächlich begegnet war. Mit dieser Übung wächst die Wahrnehmung des Guten und dadurch steigert sich das Glücksgefühl.

Das Dankbarkeitspanorama

Vielleicht bekommst du Lust, nicht nur den jeweiligen Tag, sondern dein ganzes Leben einem Dankbarkeits-Check zu unterziehen. Viel hilft schließlich viel. Mit einem Dankbarkeitspanorama erhältst du einen Blick für die großen positiven Zusammenhänge deines Lebens. „Panorama" heißt es übrigens, weil man auf die eigene Geschichte wie auf ein Bergpanorama schaut – auf alle persönlichen Gipfel, die man im Laufe der Zeit erreicht hat. Es gibt so viele Dinge in unserem Leben, die wunderbar, überraschend und ein Geschenk sind. Wahrscheinlich sind sie nur vorübergehend aus deinem Gedächtnis verschwunden. Mit dem Dankbarkeitspanorama holst du sie alle wieder ins Bewusstsein. Dazu kannst du für eine kurze Form die Vorlage in diesem Buch benutzen oder dir in einer längeren Version ausführlich dafür Zeit nehmen.

Schreibe an jeden dieser Punkte ein Ereignis von deiner Geburt an bis zur Gegenwart, für das du in deinem Leben dankbar bist. Zum Beispiel: Eine liebevolle Familie, eine Prüfung bestanden, eine Krankheit überwunden, ein Kind gekriegt, die beste Freundin kennengelernt, die große Liebe gefunden, ein tolles Jobangebot erhalten.

Du bist auf den Geschmack gekommen und der Platz hier reicht nicht aus? Kein Problem, du kannst auch in Eigenregie eine ausführlichere Version deines Dankbarkeitspanoramas herstellen:

- Besorge dir im Schreibwarengeschäft einen großen Bogen Papier (Flipchart, Fotokarton). Außerdem brauchst du kleine grüne Aufkleber und einen schwarzen Filzstift.
- Lege das Blatt mit der Breitseite auf den Tisch. Zieh auf mittlerer Höhe vom linken bis zum rechten Rand einen Strich. Das ist deine „Timeline", eine Zeitlinie von der Geburt bis heute.
- Die grünen Aufkleber sind deine „Dankbarkeitspunkte". Jeder repräsentiert etwas, für das du dankbar bist. Klebe

auf den Strich einen grünen Punkt nach dem anderen und schreibe jeweils ein Stichwort und dein entsprechendes Alter dazu.

- Falls ein einziger Strich nicht ausreicht, zeichne unter dem ersten mit etwas Abstand einen weiteren und setze dein Werk fort.

- Nimm dir Zeit, um dein Panorama zu betrachten. Hand aufs Herz: Hast du nicht trotz aller Probleme und Herausforderungen viel Grund, dankbar und glücklich zu sein?

Meine Erfahrung

Ich machte Urlaub in der Bretagne. Eigentlich hätte ich glücklich sein sollen: Die Sonne schien, die Landschaft war traumhaft schön, meine Familie in Harmonie. Tatsächlich aber war ich deprimiert. Ich hatte eine Nachricht erhalten, dass sich wichtige Dinge nicht so entwickelten, wie ich es mir wünschte. Mit meinem Schicksal hadernd und voller Enttäuschung ging ich alleine hinunter zum Strand. Meine schlechte Stimmung wäre ich liebend gerne losgeworden, aber wie? Pures Umdenken („Ist doch nicht so schlimm") funktionierte nicht. Da kam mir eine Idee. Ich zog eine Linie in den feuchten Sand und sammelte faustgroße Steine, die dort reichlich lagen. Die legte ich zu einem Dankbarkeitspanorama. Jeder Stein ein gutes Ereignis in meinem Leben. Am Ende stand ich vor einer langen Steinkette. Meine Stimmung? Ich war glücklich.

2.

Du hast eine
großartige Wirkung

Du bist schön

Vor kurzem interviewte mich eine Journalistin für ein Kosmetikbuch. Ihre erste Frage lautete: „Was ist eigentlich Schönheit?" Damit brachte sie mich ganz schön ins Schleudern. Das auf Anhieb zu beantworten, ist gar nicht so einfach. Schon die antiken Philosophen versuchten, eine Definition zu finden, indem sie nach Idealmaßen fahndeten. Heute beschäftigt sich ein ganzer Wissenschaftszweig damit. Ergebnis: Menschen, deren Gesicht und Körper symmetrisch sind, gelten als besonders schön, ebenso der jugendliche Zustand von Haut und Haaren. Trotzdem sind Gleichmaß und Jugend nicht alles. Unsere Vorstellung von Schönheit hängt ebenso von den aktuellen Wertvorstellungen und Idealen ab. Und die sind wandelbar. Hältst du etwa ein Doppelkinn und einen Kugelbauch für schön? Vielleicht nicht dein Geschmack, aber in der Renaissance war es das absolute Schönheitsideal. Oder was ist mit spitz gefeilten Zähnen? Oder einer Unterlippe, die durch eine Holzscheibe auf Tellergröße gedehnt ist? Andere Völker finden das jedenfalls äußerst attraktiv.

Das Schönheitsideal wird also von der vorherrschenden Mode diktiert, die wiederum von gesellschaftlichen, wirtschaftlichen und kulturellen Bedingungen beeinflusst wird. Das aktuelle Ideal ist der Hintergrund, vor dem dein Aussehen von anderen und von dir selbst beurteilt wird.

Der Schönheits-Check

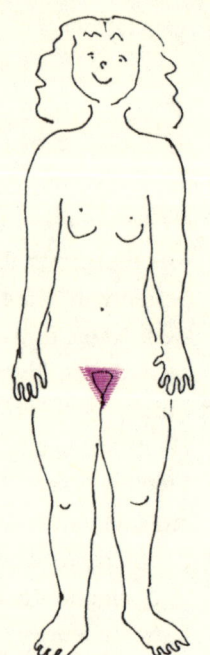

Werfen wir doch mal einen Blick auf deine äußeren Attribute. Bitte gib dir für jeden unten genannten Körperteil eine Schulnote von 1 bis 6.

Note 1: Ich finde es richtig schön.

Note 2: Schön, aber ich bin nicht hundertprozentig zufrieden.

Note 3: Es ist guter Durchschnitt.

Note 4: Ich bin damit unzufrieden.

Note 5: Ich bin damit sehr unzufrieden.

Note 6: Schrecklich, ich hasse es!

Trag bitte hier deine Noten ein:

Haare: ___ Augen: ___ Nase: ___ Mund: ___

Ohren: ___ Kinn: ___ Zähne: ___

Gesichtshaut: ___ Gesichtsform: ___ Hals: ___

Brust: ___ Oberarme: ___ Hände: ___

Bauch: ___ Hüfte: ___ Taille: ___ Po: ___

Oberschenkel: ___ Beine: ___ Füße: ___

Auswertung: Zähle nun zusammen. Wie oft hast du dir die folgenden Noten gegeben?

Note 1 __ mal, Note 2 __ mal, Note 3 __ mal,

Note 4 __ mal, Note 5 __ mal, Note 6 __ mal.

Das Ergebnis ist ein bisschen anders, als du vielleicht erwartest. Mit diesem kleinen Check wollte ich nämlich nicht überprüfen, wie schön du bist, sondern wie liebevoll du dich selbst beurteilst.

Je häufiger du dir die Noten 4, 5 und 6 gegeben hast, desto eher ist zu vermuten, dass du mit dir selbst im Hinblick auf dein Äußeres hart ins Gericht gehst. Offenbar misst du dich an einem perfekten Ideal, und damit besteht die Gefahr, dass du dich zumindest teilweise selbst abwertest.

Entwickle ein positives Selbstbild

Vielleicht wendest du jetzt ein: Ich beurteile mich gar nicht zu hart, ich bin mir gegenüber nur ehrlich. Meine Haare sind dünne Fusseln, ich habe Schlupflider und einen faltigen Hals. Meine Oberarme sind schlaff und mein Hintern ist zu dick. Warum sollte ich diesen Körperteilen also Bestnoten geben? Das wäre doch purer Selbstbetrug!

Selbst wenn es berechtigt sein sollte, schadet dir ein hartes Selbsturteil. Indem du bestimmte Teile deines Körpers ablehnst, beeinträchtigt das indirekt deine Schönheit: Du strahlst aus, dass du dich unattraktiv findest. Unterschwellig sendest du pausenlos entsprechende Botschaften an deine Umgebung, vor allem über deine Körpersprache. Etwa indem du den Kopf eher senkst, als ihn selbstbewusst zu heben, unsicher an deinem Schmuck fummelst oder die Arme vor der Brust verschränkst. Auch verbal vermittelst du dein negatives Selbstbild an die Umwelt. Du wehrst Komplimente ab, anstatt dich lächelnd dafür zu bedanken. Oder du weist ungefragt auf deine vermeintlichen Schwachstellen hin: „Solche Schuhe kann ich mit meinen hässlichen Füßen leider nicht tragen." Früher oder später zeigt deine Botschaft Wirkung. Du setzt eine sich selbst erfüllende Prophezeiung in Gang: Weil du dich nicht schön findest, tut es auch deine Umgebung nicht. Und das wiederum bestätigt dir, dass du nicht schön bist. Na bitte, du hast es ja gleich gewusst!

Die gute Nachricht: Was im Negativen funktioniert, funktioniert auch im Positiven. Sobald du dich selbst liebst und attraktiv findest, wirst du auch so gesehen, selbst wenn du objektiv deine Schwächen hast. Es lohnt sich also, an einer neuen Selbsteinschätzung zu arbeiten. Sie ist das A und O deiner Schönheit. Fang doch gleich damit an. Nimm dir bitte noch einmal die Checkliste vor. Jetzt kommt nämlich der zweite Durchgang: Setze jede deiner Noten höher. Wo du dir die Noten 2 oder 3 gegeben hast, jeweils um einen Punkt. Bei den Noten 4, 5 und 6 um zwei Punkte.

Hast du dir für „Haare" eine Vier gegeben, dann änderst du das jetzt in eine Zwei. Hast du dir für deine Oberschenkel eine Sechs gegeben, dann wird daraus nun eine Vier.

Während du Note für Note verbesserst, horche in dich hinein, was sich dabei in dir abspielt. Wahrscheinlich meldet sich eine innere Stimme, die sich heftig gegen die mildere Beurteilung wehrt. Sie sagt etwa: „Dein Pferdegebiss soll Note 2 kriegen? Du spinnst wohl!" „Mach dir doch nichts vor, die Cellulite-Dellen in deinen Oberschenkeln sind einfach grässlich." Wer spricht da eigentlich? Es ist deine innere Kritikerin. Einmal in Fahrt, macht sie blindlings alles nieder, was ihr nicht gefällt, mit Vorliebe das Äußere. Da legt sie die Messlatte meist so hoch, dass nur noch Supermodels darüber springen können. Wenn du deine innere Kritikerin in die Schranken weisen willst, musst du schon echte Überzeugungsarbeit leisten, denn sonst gibt sie keinen Deut nach. Immerhin ist sie guten Argumenten zugänglich.

Deshalb möchte ich dir diejenigen vermitteln, mit denen du sie am besten beeinflussen kannst.

♛ Gestern ist vorbei

Im Laufe der Zeit hat sich da einiges angesammelt. Zum Beispiel das Lästern von Mitschülerinnen oder eine Bemerkung, die unser heimlicher Schwarm damals auf der Party zu einem Freund machte: „Die sieht doch bescheuert aus." Auch jede unausgesprochene Ablehnung ist registriert, etwa als sich im Feriencamp alle Jungs in unsere hübsche Freundin verliebten und wir uns wie das fünfte Rad am Wagen fühlten. Frühe Erfahrungen haben unsere Wahrnehmung über unser Äußeres geprägt – und die sind teilweise bis heute wirksam. Emotional siehst du dich immer noch mit Babyspeck, Zahnspange oder Pubertätspickeln, obwohl du dich längst verändert hast.

Falls du von einem alten Selbstbild beeinflusst bist, ist es höchste Zeit zu erkennen, dass es überholt ist. Du bist schon längst nicht mehr der ungeschickte Teenager von damals. Jede Zelle deines Körpers hat sich inzwischen mehrfach erneuert. Höchstwahrscheinlich trägst du auch nicht mehr die gleiche Frisur oder den gleichen Kleidungsstil. Warum solltest du dann immer noch die gleiche Meinung über dich im Kopf haben, dich immer noch als „Bohnenstange", „Fettklops", Mauerblümchen oder hässliches Entlein sehen? Verbiete deiner inneren Kritikerin diese ollen Kamellen. Damit sie es auch wirklich kapiert: Schreib jede Kränkung von früher auf, an die du dich erinnerst. Streiche sie dann mit dickem Filzstift durch und schreib daneben: Das ist vorbei!

♛ Schönheit in den Medien ist künstlich

Deine innere Kritikerin weiß natürlich über das gängige Schönheitsideal bestens Bescheid und vergleicht dich gerne damit. Erkläre ihr, dass die Vorbilder, wie sie in den Medien täglich vermittelt werden, auf einer Täuschung beruhen. Wir wissen es alle, aber irgendwie kommt es beim Blättern durch ein Modemagazin nicht in unserem Bewusstsein an: Was wir da sehen, sind Kunstwesen. Bei Modeproduktionen für Zeitschriften habe ich es selbst erlebt. Durch die Tür kamen blässliche junge Frauen, nach denen sich auf der Straße ganz gewiss keiner umdreht. Erst nachdem sich eine Make-up- und Hairstylistin mindestens drei Stunden darum gekümmert hatte, kam Glamour auf. Das gilt auch für Film- und Popstars, die ebenso gerne als Vorbilder genommen werden. Sieh dir doch nur mal Paparazzi-Schnappschüsse an. Kaum zu glauben, dass die Frauen, die sonst glamourös über den roten Teppich stöckeln oder in Videoclips so toll aussehen, mit diesen unscheinbaren Graumäusen identisch sind. Hinzu kommt noch, dass man Fotos am Computer bearbeiten kann. In den Bildredaktionen zieht man problemlos Beine lang und lässt Falten oder Pickel komplett verschwinden. Ich kann dir versichern: Egal wie du aussiehst – unter diesen Bedingungen macht ein Modefotograf auch aus dir einen Star. Gib deshalb deiner inneren Kritikerin den Spruch weiter, der vor einer Weile auf Plakaten in den Läden von „The Bodyshop" hing: „Nur ein Dutzend Frauen sehen aus wie Supermodels, Millionen tun es nicht." Das rückt einiges zurecht.

♛ Die Funktion ist wichtiger als das Aussehen

Eines der besten Argumente für einen weicheren Blick stammt ausgerechnet von den Männern. Untersuchungen haben ergeben, dass Männer ihren Körper weniger unter ästhetischen Gesichtspunkten betrachten als vielmehr unter dem Blickwinkel: Funktioniert er? Was ermöglicht er mir? Vermittle deiner inneren Kritikerin diese Sichtweise: Deine Hände, die du zu breit findest, können streicheln und Klavierspielen. Deine kurzen Beine tragen dich bestens durch den Tag. Mit deinen kleinen Augen nimmst du das Lächeln deines Kindes und den wunderbaren Sonnenuntergang wahr. Grund genug, den geschmähten Körperteilen richtig dankbar zu sein.

♛ Lächeln hilft

Schließe die Augen und konzentriere dich auf denjenigen Teil deines Körpers, den du nicht sonderlich schätzt. Sende ihm ein wohlwollendes Lächeln. Du musst dabei nicht unbedingt den Mund verziehen, es gibt auch ein innerliches Lächeln. Bedanke dich bei dem Körperteil, dass er so treu seinen Job macht, obwohl du die meiste Zeit an ihm herummeckerst. Frage bei der Gelegenheit auch gleich mal nach, was du für ihn tun kannst. Vielleicht eine kleine Massage? Gesünderes Essen? Sport? Eine fröhlichere Mimik? Gönne ihm das.

Wenn du diese Übung regelmäßig machst, wird sich allmählich etwas in dir verändern. Liebe und Dankbarkeit lassen wenig Platz für gnadenlose Perfektion.

Aktionsprogramm: Die Schokoladenseite zeigen

Sich freundlich zu beurteilen, heißt keineswegs, die Tatsachen zu leugnen. Doch sobald du die Realität liebevoll betrachtest, gehst du anders damit um. Du haderst nicht mehr mit dem, was du nicht ändern kannst, wie deine Gesichtsform oder deine Schuhgröße. Außerdem machst du dich nicht mehr hoffnungslos nieder: „Ich habe so grässliche dünne Haare", sondern sagst sachlich: „Ich habe dünne Haare, deshalb muss ich dafür die beste Frisur finden." Mit dieser aktionsorientierten Sichtweise kannst du gelassen ein wirkungsvolles Programm für ein attraktiveres Aussehen starten. Mit der Selbstliebe als Grundlage kannst du deine Vorzüge ausbauen und deine kleinen Schwächen kompensieren.

♕ Streiche deine Pluspunkte heraus

Für jedes Minus gibt es auch ein Plus. Wenn du bisher wie das Kaninchen vor der Schlange auf deine Schwachstellen gestarrt hast, ist dir wahrscheinlich das Bewusstsein für deine äußeren Stärken verloren gegangen. Das gilt es jetzt wiederzugewinnen. Mach dir eine ausführliche Liste deiner Schokoladenseiten. Was ist alles schön an dir? Womit bist du zufrieden? Falls dir nichts einfällt oder du unsicher bist, frage gute Freundinnen. Und dann bitte nicht gleich bescheiden abwiegeln: „Och, so doll ist das ja nun auch nicht." Nimm den Hinweis dankend an und notiere ihn. Überlege, wie du hier mit Mode oder Make-up einen Schwerpunkt setzen könntest. Du hast einen tollen Mund? Betone ihn mit rotem Lippenstift. Du hast schöne Hände? Setze mit auffälligem Schmuck einen Akzent.

Verwandele Mängel in Markenzeichen

Du kannst auch genau die Gegenstrategie fahren, nach dem Motto „Angriff ist die beste Verteidigung". Statt von dem fraglichen Körperteil abzulenken oder ihn schamhaft zu verstecken, setzt du noch eins drauf und betonst ihn bewusst. Also, nur Mut. Dünne Haare? Lass sie dir zu einer raspelkurzen Jean-Seberg-Frisur schneiden. Du bist ein Vollweib? Bring dich mit leuchtenden Farben nach vorn, statt die Tarnkappe in Grau und Schwarz aufzusetzen. Es kann gut sein, dass du mit deinem Markenzeichen in deiner Umgebung sogar zur Trendsetterin wirst.

Meine Erfahrung

Man ist so schön, wie man sich fühlt. Genau dieses Selbstbild nimmt die Umgebung dann auch auf. Kürzlich blätterte ich durch ein altes Fotoalbum. Einige Fotos zeigen mich und eine Freundin mit Ende zwanzig. Sie verhielt sich sehr selbstbewusst und wurde allgemein als hübsch angesehen. Im Vergleich zu ihr fand ich mich damals ziemlich unzulänglich und habe das gewiss auch ausgestrahlt. Interessant für mich ist, dass mir die Fotos heute zeigen: Ich war äußerlich genauso attraktiv wie sie. Nur meine innere Einstellung hat mich weniger leuchten lassen.

Du hast Stil

Stil ist eine grundlegende Haltung, die sich auf viele Lebensbereiche bezieht, vom Umgang mit anderen Menschen bis hin zur Wohnungseinrichtung. Für unsere Zwecke möchte ich jedoch den Bereich herausheben, in dem Stil unmittelbar wahrgenommen wird: die Kleidung. Was wir am Leibe tragen, ist schließlich für jeden, dem wir begegnen, sofort sichtbar.

Hast du deinen Kleidungsstil schon gefunden? Vorsicht, sag nicht zu schnell ja. Wenn du klassisch in Faltenrock und Twinset oder sportlich in Jeans und T-Shirt herumläufst, dann hast du dich für eine Richtung entschieden – aber Stil

muss das noch nicht unbedingt sein. Stil ist noch etwas mehr. Aber was genau? Zwar erkennt man auf Anhieb, wenn ihn jemand besitzt, aber er ist schwer zu fassen. Am präzisesten finde ich die Definition von Jil Sander: Stil ist Geschmack plus Persönlichkeit plus Selbstwertgefühl. Tatsache ist jedenfalls, dass Stil eng mit der eigenen Persönlichkeit verbunden ist. Kurz gesagt, Stil ist Selbstausdruck. Dazu erst einmal ein paar modische Überlegungen.

♛ Erlaubt ist, was gefällt

Karo-Rock zur Blümchenbluse oder Chiffonleid zu Bikerstiefeln? Früher war das noch ein Zeichen von Geschmacklosigkeit. Heute sind ungewöhnliche Zusammenstellungen topmodisch. Regeln, die seinerzeit einen guten Kleidungsstil kennzeichneten, sind längst aufgeweicht. Man trägt, was man will. Diese Freiheit eröffnet ganz neue Möglichkeiten, sich selbst auszudrücken, macht es aber auch besonders schwierig, sich nicht zu vergreifen.

♛ Auf Nummer sicher zu gehen, ist oft langweilig

Viele Frauen verkürzen die Qual der Wahl, indem sie sich auf Bewährtes verlassen. Mit einer weißen Hemdbluse oder einem klassischen Kaschmirpulli können sie nichts verkehrt machen, ebenso wenig mit einem dunkelblauen Kostüm. Der Nachteil ist nur, dass diese Art von Outfit meist ziemlich fade oder einseitig wirkt. Das Auge des Betrachters bleibt nirgendwo hängen, weder ablehnend noch interessiert.

♛ Mode bedeutet nicht automatisch Stil

Fashion Victims stürzen sich auf jeden neuen Trend. Die Kleider der vergangenen Saison fliegen gnadenlos aus dem Schrank, die angesagten werden hineingehängt. Das kommt nicht nur ganz schön teuer, es kann auch optisch danebengehen. Fashion Victims nehmen nämlich keine Rücksicht darauf, ob sie in Apfelgrün aussehen wie ein Käsekuchen, wenn diese Farbe gerade in ist. Oder dass sie für einen Mini nicht die passende Beinform haben. Wer jede Mode mitmacht, ist von Stil noch weit entfernt.

♛ Modische Abstinenz ist keine Lösung

Manche Frauen interessieren sich nicht für Mode. Sie gehen davon aus, dass ihre Persönlichkeit schon stark genug ist, um für sich zu wirken. Die Frage ist nur, ob sie immer ausreichend Gelegenheit haben, sie zu zeigen. Der bekannte Spruch „Für den ersten Eindruck gibt es keine zweite Chance" ist leider nur allzu oft wahr. Das menschliche Gehirn erfasst ein fremdes Gegenüber in Sekundenschnelle und ordnet es ein. Außerdem entscheidet sich während des ersten Gesprächs innerhalb von drei Minuten, ob es eine Verlängerung der Begegnung geben wird. Da bleibt uns nicht viel Zeit, um genau den Eindruck zu machen, den wir gerne vermitteln wollen. Vielleicht hat uns der andere auf Grund unserer Optik längst unter „uninteressant" abgespeichert, bevor wir ihm das Gegenteil beweisen können.

So findest du deinen Kleidungsstil

Selbstverständlich muss jede Frau selbst entscheiden, wie viel sie in ihr Äußeres investieren will, doch eins steht fest: Stilvolle Kleidung erhöht die Großartigkeit. Wir sollten diesen Aspekt nicht durch Bequemlichkeit verschenken. Zumal Stil bis ins hohe Alter erhalten bleibt und damit eine unvergängliche Schönheit schafft.

Du möchtest stilmäßig nachlegen? Sich mit Stil anzuziehen bedeutet zumindest am Anfang Arbeit. Du musst einiges an Zeit, Energie und Bewusstsein hineinstecken. Es ist, als ob man eine Sprache erlernt. Bevor man flüssig drauflos parlieren kann, paukt man zunächst Vokabeln und lernt die Grammatik. Übertragen auf den Stil bedeutet es, dass du erst einmal wissen musst:

- ❓ Was passt gut zusammen?
- ❓ Was hat welchen Effekt?
- ❓ Welche Farben und Formen sehen an mir besonders gut aus?
- ❓ Welches ist mein Qualitätsmaßstab?
- ❓ Wo finde ich das, was ich haben möchte?

Dazu ist es durchaus sinnvoll, sich Anregungen zu holen und sich an anderen zu orientieren. Auf diese Weise musst du das (modische) Rad nicht neu erfinden.

♛ Suche dir Vorbilder

Ein guter Wegweiser zu deinem persönlichen Stil ist, was dir bei anderen gefällt. Du fühlst dich davon angezogen, weil etwas in deinem Inneren mit diesem Anblick korrespondiert. Das heißt nicht, dass du dein Vorbild eins zu eins auf dich übertragen sollst. Was dir gefällt, zeigt die Richtung, in die dein Geschmack geht. Im nächsten Schritt wandelst du das, was dir gefällt, für dich ab. Vielleicht wählst du eine andere Farbe oder veränderst die Länge, damit die Proportionen stimmen.

♛ Nutze das Styling in den Medien

An den Produktionen der Modeseiten in Frauenzeitschriften

und Katalogen sind immer auch Stylistinnen beteiligt, die von Berufs wegen ein Auge für gute Kombinationen haben. Von ihnen kannst du dir eine Menge abschauen. Zum Beispiel, welche Schuhe zu welchem Kleid passen, wie man ein schlichtes Outfit mit Accessoires aufpeppt, welcher Schmuck besonders dekorativ wirkt. Vielleicht macht es dir auch Spaß, im Internet Modeblogs anzusehen.

♛ Lege ein Stil-Buch an

Falls du dich noch intensiver mit dem Thema beschäftigen möchtest, empfehle ich dir, eine Mappe anzulegen. Ein Ordner mit Klarsichthüllen kann dein privates Lehrbuch in Sachen Stil werden. Sobald du in einer Zeitschrift eine Kombination siehst, die dir besonders gut gefällt, reiße die Seite heraus und hefte sie in deinen Ordner. Auf diese Weise schulst du deinen Blick und hast gleichzeitig eine optische Einkaufsliste für die Kleidungsstücke oder Accessoires, die du dir in Zukunft anschaffen möchtest. Wenn du deine Mappe immer mal wieder durchblätterst, prägen sich die Bilder ein. Beim Einkaufen fallen dir dann ähnliche Stücke sofort ins Auge.

♛ Suche dir gute Beratung

Noch einfacher als die Do-it-yourself-Methode ist es, wenn wir jemanden haben, der uns richtig sieht und uns stilmäßig ein wenig an die Hand nimmt. Eine kompetente Beratung ist auf diesem Gebiet Gold wert. Leider muss man auch ähnlich intensiv danach schürfen. Nicht einmal Nobelboutiquen bürgen für Qualität. Du erkennst eine gute Beratung daran, dass man dir nichts aufschwatzen will und dir auch mal von einem Kauf abrät. Hast du das richtige Geschäft gefunden, solltest du ihm treu bleiben. Unterstützung, al-

lerdings nicht kostenlos, wird auch in einer Farb- und Stilberatung angeboten. Grundlage ist dabei der natürliche
Hautton, die Haar- und Augenfarbe. Man lernt, welche
Farbtöne einen frisch erscheinen lassen. In der Stilberatung
erfährt man anhand einer Typologie, welche Kleiderformen
für die eigenen Proportionen günstig sind und welcher Stil
im Sinne von elegant bis sportlich zu einem passt.

Sobald du dich sicher fühlst, darfst du anfangen zu spielen. Der Kleidungsstil wird zu deinem ureigenen Selbstausdruck. Du kannst dich streng oder klassisch, schrill oder
wild kleiden. Du darfst dich romantisch oder mädchenhaft
anziehen, ebenso wie lässig oder extravagant. Der Unter-
schied zu früher ist, dass du es jetzt bewusst tust. Du hast
dir darüber Gedanken gemacht, hast dich selbst und deine
Möglichkeiten in diesem Bereich besser kennengelernt. Auf
diese Weise ist aus einer beliebigen Mode ein persönlicher
Stil geworden.

Dein großer Auftritt

Für spezielle Events und Auftritte möchten wir meist auch noch gezielt bestimmte Facetten unserer Persönlichkeit zeigen. Wir wollen mit unserer Kleidung etwas ausdrücken und vermitteln. Dazu hier eine kleine Übung:

Schreibe drei Adjektive auf, wie man dich bei der Veranstaltung, dem Geschäftstermin oder der privaten Verabredung wahrnehmen soll. Zum Beispiel:

Elegant • sexy • vertrauenswürdig • zuverlässig • kreativ • flippig • modern • jung • androgyn • weiblich • seriös • sympathisch • locker • liebenswürdig • extravagant • lässig • erfolgreich • streng • feminin • ruhig • souverän • verführerisch • lebhaft • energiegeladen • konzentriert • reich • intellektuell • herzlich.

1) ....

2) ....

3) ....

Überlege nun, wie du diese Attribute modisch umsetzen kannst. Zum Beispiel: Du möchtest für einen wichtigen Kundenbesuch „kompetent" „sympathisch" und „locker" wirken. Dann könnte das so aussehen: Kompetent = dunkelblauer Blazer. Sympathisch = farbiges Tuch. Locker = sportliche Uhr. Am Ende entsteht ein Gesamtkunstwerk, in dem sich die gewünschten Eigenschaften zusammenfügen und genau den angestrebten Dreiklang vermitteln.

Mode-Mut!

Dem persönlichen Stil treu zu bleiben, erfordert Selbst-vertrauen. Das ist besonders gefragt, wenn wir mit unserer Kleidung von der Norm unserer Umgebung abweichen. Wie viel Selbstbewusstsein du brauchst, hängt davon ab, wie ex-trem dein Stil ist. Je auffälliger du dich kleidest, desto mehr Reaktionen rufst du hervor. Aber auch wenn du optisch eher gemäßigt auftrittst, kannst du davon ausgehen, dass dein Stil selten allen gefällt. Was die einen elegant finden, ist für die anderen steif. Was die einen als peppig ansehen, finden an-dere aufgebrezelt. Lass dich also nicht irritieren. Es reicht, wenn Menschen, an denen dir etwas liegt und deren Kom-petenz in Sachen Kleidung du anerkennst, sagen: „Du siehst großartig aus!"

Meine Erfahrung

Mode hat mich schon immer interessiert und so blicke ich in diesem Punkt auf eine bewegte Karriere zurück. In jungen Jahren habe ich das Wissen, dass man mit Kleidung seine Persönlichkeit ausdrückt, sehr kreativ um-gesetzt. Ich erinnere mich an eine gewagte Zusammen-stellung aus grünem Seidenkimono mit pinkfarbenem Stufenrock. Später wusste ich eine für meine Profession adäquatere Kleidung zu schätzen, die zwar weniger inte-ressant war, dafür aber auch weniger anstrengend. In-zwischen schlägt das Pendel wieder ein bisschen zurück und ich erlaube mir durchaus eine gewisse Extrava-ganz. Dabei vergesse ich aber nie die Faustregel: Immer die Situation und die Mitmenschen berücksichtigen.

Du zeigst Haltung

Wusstest du, dass etwa achtzig Prozent unserer Kommunikation nonverbal ablaufen? So ganz nebenbei spricht unser Körper zu unserer Umwelt. Dabei kennt er nur ein Gesprächsthema: Gefühle. Er ist jederzeit in der Lage, die ganze Palette, von Angst bis Zorn, auszudrücken. Wenn wir nicht möchten, dass er unsere Emotionen ausplaudert, müssen wir unsere gesamte Energie aufwenden, um ihn starr und stumm zu machen. Trotz aller Anstrengung wird es uns nicht ganz gelingen. Der Körper kann nämlich nicht lügen. Selbst wenn wir uns noch so diszipliniert verhalten, ein winziges Detail wird dem aufmerksamen Beobachter immer die Wahrheit verraten. Da stellt sich die interessante Frage: Können wir entschlüsseln, was der Körper ausplaudert?

Kein ernsthafter Experte wird ein Wörterbuch der Körpersprache erstellen, in dem wir wie in einem Vokabelheft nur unter dem passenden Stichwort nachzuschlagen brauchen und sofort die Deutung präsentiert bekommen. Das wäre ebenso unseriös wie ein Nachschlagewerk über Traumdeutung, in dem wir lediglich die einzelnen Symbole mit Erklärung aufgeführt finden. Trotzdem gibt es in der Körpersprache wie in der Traumdeutung Zeichen, die allen

Menschen gemeinsam sind und die eine relativ eindeutige Auslegung zulassen. Sie betreffen Haltung, Gestik und Mimik. Deshalb sind das die Instrumente, mit denen du anderen auch nonverbal deine Großartigkeit vermitteln kannst.

Halte dich aufrecht!

Haltung ist das statische Element der Körpersprache. Sie ist weit weniger einem Wechsel unterworfen als Mimik und Gestik. Meist behalten wir sie über viele Jahre bei. Es müssen schon gewichtige Ereignisse sein, die daran etwas ändern, uns zum Beispiel vor Gram beugen oder uns den Kopf höher tragen lassen. Im Großen und Ganzen bleibt unsere Haltung dieselbe – wenn wir sie nicht bewusst korrigieren. Einige Richtlinien für gute Haltung hat man dir, wie vielen von uns, gewiss schon als Kind zu vermitteln versucht: „Halt dich gerade", „Sitz aufrecht" „Kopf hoch". Auf solche meist in strengem Ton geäußerten Erziehungssprüche hin haben wir brav die Wirbelsäule aufgerichtet, den Bauch eingezogen und die Brust herausgedrückt, doch schon im nächsten Moment sind wir wieder wie eine Ziehharmonika in uns zusammengesunken. Äußere Kommandos wirken auf diesem Gebiet nämlich nur kurzfristig. Sie können höchstens als Erinnerung dafür dienen, dass wir auf unsere Haltung achten müssen. Gesteuert wird diese jedoch von unserer geistigen Einstellung. Das drückt ein Spruch aus dem japanischen Zen-Buddhismus aus: „Wenn der Geist gerade sitzt, sitzt auch der Körper gerade." Eine aufrechte Haltung hat mit Selbstbewusstsein und Mut zu tun. Das spiegelt sogar unsere Sprache wider: Jemand hat „einen aufrechten Charakter" oder geht „erhobenen Hauptes".

Wenn du also eine gute Haltung im Gehen, Stehen und Sitzen erreichen willst, dann musst du im Inneren anfangen, dich aufzurichten. Du musst es wagen, dich groß und damit sichtbar zu machen. Damit fällst du gleichzeitig eine Entscheidung dagegen, klein und unscheinbar zu bleiben. Wenn du deine innere Einstellung änderst, mutiger und selbstbewusster wirst, ist das schon mal ein guter Anfang. Doch du wirst nicht sofort kerzengerade gehen und stehen, bloß weil du es dir vornimmst. Dein Körper hat sich eventuell über Jahre an eine bestimmte Haltung gewöhnt, die Muskeln sind nun schwach oder verkürzt. Da hilft nur ein gezieltes Training, um sie wieder aufzubauen. Für eine aufrechte Haltung führt oft kein Weg am Fitnessstudio vorbei.

Offene Gesten

Während die aufrechte Haltung nur über eine längere Zeit mit entsprechendem Training zu erreichen ist, haben wir es in der Hand, unsere Gestik unmittelbar zu verändern. Unsere Arme und Beine sind beweglich und gehorchen unseren Anweisungen auf der Stelle. Deshalb sind Gesten auch besonders gut geeignet, um spontane Gefühle auszudrücken. Mit unseren Bewegungen können wir uns vor anderen verschließen, Ablehnung signalisieren, aber ebenso Offenheit und Entgegenkommen zeigen. Meist geschieht das ganz unwillkürlich. Von daher ist es wichtig, dass du die positiven Signale kennst und einsetzt. Dazu ist nicht einmal nötig, dass du dich auch tatsächlich so positiv fühlst, wie du dich bewegst. Die Wechselwirkung zwischen Körper und Seele funktioniert immer. Der Münchner Experte für Körpersprache Erhard Thiel rät: „Üben Sie verstärkt positive

Gesten, um auch innerlich optimistische Denkstrukturen aufzubauen." Das ist zum Beispiel der Fall, wenn du einen lieben Menschen mit ausgebreiteten Armen begrüßt oder indem du deine Hände zeigst, anstatt sie hinter dem Rücken oder in der Kleidung zu verstecken.

Die Faustregel lautet: Offene Gesten ziehen an, verschlossene Gesten schrecken ab. Eine klassische verschlossene Geste sind die vor der Brust verschränkten Arme, die sogenannte Arm-Barriere. Aber wir können auch künstliche Barrieren errichten, indem wir uns mit Gegenständen bewaffnen. Zum Beispiel, wenn wir im Sitzen die Brille abnehmen und sie mit aufgestützten Ellenbogen an den Bügeln vor uns halten. Oder wenn wir einen Bleistift zwischen beiden Händen drehen. Auch Handtaschen oder Aktenordner sind sehr beliebt, um sich dahinter zu verschanzen. Solche Barrikaden bauen wir nicht bewusst. Dahinter steckt als letzte Ursache Angst. Wir fürchten uns davor, dass unsere Grenzen verletzt werden, dass wir überrumpelt, in die Ecke gedrängt, übervorteilt oder missachtet werden. Deshalb benutzen wir unsere Arme und Beine oder auch Gegenstände als Deckung. Das Dumme ist nur, dass wir uns damit selbst hinter einen Zaun setzen und den Eindruck erwecken, nicht offen zu sein.

♛ Bau deine Barrieren ab

Falls du entdeckt hast, dass du oft verschlossen erscheinst und diesen Eindruck gerne ändern möchtest, dann „entknote" dich ganz bewusst. Sobald du demnächst den Impuls verspürst, die Arme vor der Brust zu verschränken oder nach einer künstlichen Barriere zu greifen, stoppe ihn. Lege stattdessen deine Hände locker übereinander. Das wirkt wesentlich sympathischer und souveräner.

Ein freundliches Gesicht

Wenn wir mit einem anderen Menschen sprechen, schauen wir ihm erst einmal ins Gesicht. Dadurch erhalten wir in wenigen Sekunden eine Vielzahl von Informationen: Ist unser Gegenüber freundlich oder abweisend? Ist seine Stimmung gelassen, heiter, traurig, zornig? Vor allem Augen und Mund verraten uns in dieser Beziehung eine Menge. Der Verhaltensforscher Paul Ekman hat herausgefunden, dass die grundlegenden Gefühle auf der ganzen Welt an der Mimik erkannt werden. Zornig herabgezogene Augenbrauen oder ein Lächeln werden überall sofort in ihrer Bedeutung verstanden.

Von den Augen sagt man, sie seien der Spiegel der Seele. Tatsächlich liegt in ihnen unsere ganze Empfindung. Mehr als alles andere drücken sie aus, was für ein Gemüt wir haben. Kalte, stechende Augen wirken bedrohlich, ein warmer, herzlicher Ausdruck zieht an. Mit wachen Augen zeigen wir unser Interesse. Unsere Augen spiegeln auch wieder, was wir gerade denken und was uns bewegt. Wichtig für eine positive Ausstrahlung ist in jedem Fall, dass wir unserem Gegenüber offen in die Augen sehen. Zumindest in unserem Kulturkreis gilt der direkte Blick als Symbol für Ehrlichkeit und Selbstbewusstsein.

♛ Denk dir die Augen schön

Wenn du deine positive Ausstrahlung über die Augen erhöhen möchtest, denke an etwas Schönes oder Freundliches. Das zeigt sich unmittelbar in deinem Augenausdruck und breitet sich von dort über das ganze Gesicht aus.

Unser Mund ist das Organ, mit dem wir unsere aktuellen Gefühle besonders deutlich zeigen. Wir beißen uns auf die Lippen, wenn wir uns ärgern. Wir ziehen verächtlich die Mundwinkel herab. Vor Staunen bleibt uns manchmal sogar der Mund offen stehen – ein Zeichen dafür, dass wir etwas Neues in vollen Zügen in uns aufnehmen. Mit zusammengekniffenen Lippen signalisieren wir totale Abwehr. Ist der Mund dagegen weich, zeigen wir, dass wir aufgeschlossen sind.

♕ Lass deinen Mund weich werden

Einen freundlichen und ansprechenden Eindruck hinterlässt du, indem du deine Lippen ein wenig öffnest und darauf achtest, dass deine Zähne nicht aufeinanderbeißen.

Ein besonderes Signal des Mundes ist das Lächeln. Auf der ganzen Welt wird es als Zeichen von Zuneigung und Entspannung gedeutet. Vorausgesetzt, die Augen spielen mit. Sonst wird aus dem freundlichen ein falsches Lächeln, von dem ein Spruch zu Recht sagt: „Lächeln ist die netteste Art, die Zähne zu zeigen." Sollst du nun möglichst viel lächeln, um einen guten Eindruck auf andere zu machen? Lieber nicht. Ein permanentes Lächeln stellt eine Art Inflation der Freundlichkeit dar. Lächeln muss echt sein, wenn es wirklich eine Bedeutung haben und wirken soll.

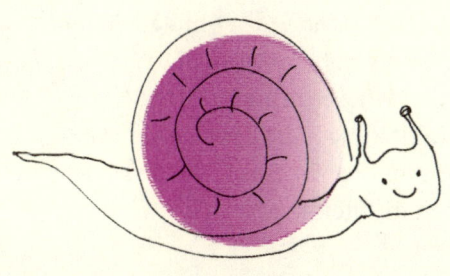

Sich Raum nehmen

Dein Körper schwebt nicht frei im Weltall, er muss sich im Raum positionieren. Dabei hat er zwei Möglichkeiten: sich auszudehnen oder sich klein zu machen. Hast du schon einmal einer Schnecke auf die Fühler getippt? In Windeseile rollt sie sich ein und verschwindet in ihrem Häuschen. Sobald sie glaubt, dass die Gefahr vorüber ist, kommt sie wieder heraus und streckt sich aus. Augenscheinlich halten sich sogar die kleinsten Lebewesen an dieses einfache System: Wenn sie sich wohl und sicher fühlen, dehnen sie sich aus, fühlen sie sich dagegen bedroht und ängstlich, ziehen sie sich zusammen. Genau das Gleiche signalisieren wir mit unserer Körpersprache im Stehen, Gehen und Sitzen. Wenn wir unseren Platz voll einnehmen, strahlen wir Souveränität und innere Sicherheit aus. Machen wir uns schmal, zeigen wir: Ich fühle mich ängstlich und bin vorsichtig.

Überprüfe doch mal, wie viel Raum du gewöhnlich einnimmst:

- ❓ Verharrst du zögernd in der Tür?
- ❓ Hältst du deine Beine eng geschlossen?
- ❓ Hältst du deine Arme eng an den Körper gepresst?
- ❓ Suchst du dir auf einer Party am liebsten eine Ecke?
- ❓ Sitzt du meist auf der Stuhlkante?
- ❓ Legst du deine Hände meist in den Schoß?
- ❓ Vermeidest du lebhafte Gesten?
- ❓ Machst du kleine Schritte?
- ❓ Faltest du Zeitungen auf die Hälfte, wenn du sie liest?
- ❓ Rückst du im Bus zur Seite, wenn sich jemand auf dem Sitz neben dir breit macht?

Je mehr Fragen du mit Ja beantwortet hast, desto weniger Raum nimmst du ein. Das wirkt zwar bescheiden, aber keineswegs großartig und strahlend. Wenn du nicht übersehen werden möchtest, dann solltest du dir mehr Raum nehmen. Tritt sicher auf und mach dich breit. Ein gutes Vorbild in dieser Hinsicht sind Männer. Achte doch einmal darauf, mit welcher Selbstverständlichkeit sie sich ausdehnen, während wir Frauen uns schmal machen, um ja niemanden zu belästigen. Schau ihnen ruhig etwas ab. Und nur kein schlechtes Gewissen, dass du dir Raum nimmst. Er steht dir zu!

Meine Erfahrung

Vor einiger Zeit nahm ich an einem Workshop von Samy Molcho, Professor für Ausdruck und Experte für Körpersprache, teil. Zu Beginn seines Workshops verblüffte Molcho die Teilnehmerinnen, indem er lediglich aus ihrem Händedruck und der Haltung der Arme auf ihre Persönlichkeit schloss. Noch beeindruckender fand ich allerdings seine sanfte und liebevolle Einstellung zur Körpersprache. Mit seinem charmanten französischen Akzent erklärte er „Wir fragen uns oft, was Gestik, Haltung und Mimik verraten. Besser ist die Frage, was der Körper ausdrückt. Aber so sehen es nun mal die meisten Menschen: Ihr Körper ist ein gemeiner Verräter, der ihre Gefühle preisgibt. Am liebsten möchten sie ihn stumm machen." Gefühle sind, erläuterte Molcho, keine Schwäche, die man durch eine ausgefeilte Technik möglichst gut verbergen soll. Gefühle sind Lebensenergie. Wir dürfen unseren Körper nicht dazu benutzen, sie zu unterdrücken.

3.

Du pflegst großartige Kontakte

Du knüpfst Kontakte

Eins mal vorweg: Großartige Menschen wie du sind eine Bereicherung für ihre Umgebung. Also Schluss mit überholten Gedanken wie „Die finden mich bestimmt langweilig", „Der denkt garantiert, ich will etwas von ihm", „Das wirkt vermutlich aufdringlich." Wenn du selbstbewusst und mit einem Lächeln auf andere zugehst, kannst du nur gewinnen.

Bestandsaufnahme

Bevor du dich auf die Suche nach neuen Freunden oder Bekannten machst, ist es sinnvoll, dass du dir erst einmal einen Überblick über die schon bestehenden Kontakte verschaffst. Keine Sorge, das dauert nur ein paar Minuten und ist ganz einfach:

- Nimm ein großes Blatt Papier. Schreibe in die Mitte „Ich" und ziehe darum einen Kreis.
- Zeichne nun für jede für dich wichtige Person aus deinem privaten und beruflichen Umfeld einen kleinen Kreis. Je näher sie dir emotional und räumlich steht, desto näher an deinem Kreis. Schreibe jeweils die Initialen der Person in deren Kreis.
- Verbinde die kleinen Kreise mit deinem eigenen. Am Ende ergibt sich das Bild einer Sonne mit langen und kurzen Strahlen.

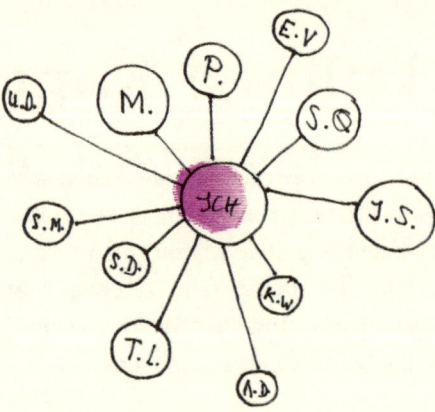

Du siehst nun auf einen Blick, mit wem du in Verbindung stehst. Im zweiten Schritt prüfst du die Qualität dieser Beziehungen. Gute Kontakte funktionieren nach bestimmten Gesetzmäßigkeiten. Deshalb kannst du jede Person anhand folgender Kriterien beurteilen:

- Sie hat die gleichen Werte.
- Sie verfolgt ähnliche Ziele.
- Sie ist zuverlässig.
- Mit ihr kannst du offen sprechen.
- Sie gönnt dir Erfolg.
- Sie hat einen ähnlichen Lebensstil in puncto Freizeit, Geld, Partnerschaft, Familie.
- Sie unterstützt deine Pläne.
- Ihre Kritik ist konstruktiv.
- Sie inspiriert dich.
- Sie geht respektvoll mit dir um.
- Sie hat eine optimistische Lebenseinstellung.
- Geben und Nehmen ist in eurer Beziehung ausgeglichen.

Je mehr Aussagen du für eine Person bejahen kannst, desto wertvoller ist die Beziehung für dich. Schreibe in dem

Fall ein Plus zu den Initialen.

Wer zumindest ein oder zwei der für dich besonders wichtigen Kriterien erfüllt, bekommt einen Kreis. Das bedeutet „neutral bis positiv". Wer in den obigen Punkten zu wenig bietet, bekommt ein Minus.

Nun kannst du ein Fazit für deinen zukünftigen Umgang mit diesen Menschen ziehen. Mein Tipp:

- Pflege die Plus-Beziehungen stärker als bisher.
- Die Kreis-Beziehungen haben Potenzial. Überlege, mit welchen Aktivitäten du sie in Plus-Beziehungen verwandeln kannst.
- Trenn dich von Minus-Beziehungen oder halte zumindest den Kontakt äußerst kurz.

Neue Kontakte knüpfen

Du hast beschlossen, deinen Kreis zu erweitern. Gut so. Aber der bloße Wille allein reicht meist nicht. Kontakt zu knüpfen ist durchaus eine Kunst.

Wenn du dich so umschaust, ist in deiner Nähe keiner, der dich interessiert? Dann kann es durchaus sein, dass du dich selbst mit Vorurteilen blockierst. Als Erwachsene haben wir gelernt, andere bei der ersten Begegnung schnell in eine Schublade zu stecken. Teste doch einmal, wie du Menschen mit den folgenden Signalen einordnen würdest:

- Lila Haarsträhne, Lederhose, Nasenpiercing.
- Twinset, Faltenrock, Perlenkette.
- Leggings mit Leoprint, lockerer Pulli, ein langer Ohrring.
- Dunkelblauer Hosenanzug, weiße Bluse, teure Uhr.

Bestimmt hast du so etwas assoziiert wie: Rock-Lady, Tochter aus gutem Hause, Kreative, Businessfrau. Im Prinzip liegst du damit auch richtig. Kleidung und Accessoires enthalten eine Aussage. Als äußere Zeichen helfen sie uns dabei, zu entscheiden, ob es sich um jemand aus unserer sozialen Gruppe handelt. Das erleichtert zwar die Auswahl, führt aber dazu, dass unser Freundes- und Bekanntenkreis oft recht einseitig ist. Meist winken wir von vornherein ab, wenn jemand uns zu unähnlich ist. Auf diese Weise versäumen wir, den Menschen hinter den äußeren Signalen zu entdecken, der vielleicht eine Menge zu bieten hat. Es lohnt sich jedenfalls, einen genauen Blick zu entwickeln und das Interesse nicht vorschnell durch Äußerlichkeiten zu begrenzen. Damit erweiterst du dein Suchfeld.

Meine Erfahrung

Vor Kurzem saß ich allein im Zugabteil. Ein junger Mann stieg zu, der von seinem Aussehen gut als Gangsta-Rapper durchgehen konnte: Ausrasierte Haare, dicke Goldkette, Tattoos. Spontan dachte ich: „Oh je, da habe ich ja eine schöne Begleitung." Dann sah ich in sein Gesicht. Es erschien freundlich und keineswegs bedrohlich. Während der Fahrt begann ich ein Gespräch mit ihm – und habe selten so einen liebenswürdigen jungen Mann kennengelernt. Er war erfrischend offen, höflich und charmant. Die Bahnfahrt verging wie im Flug.

Interesse zeigen

Wenn du die innere Grundhaltung entwickelst, dich für andere zu interessieren, wirst du die Herzen gewinnen. Weil sich jeder Mensch Aufmerksamkeit und Anerkennung wünscht. Die folgende kleine Geschichte illustriert diese Essenz des Kontakteknüpfens besonders gut:

Der später sehr bekannte Autor Dale Carnegie war als schüchterner junger Mann zu einem großen Dinner eingeladen. Neben ihn hatte man einen prominenten Wissenschaftler platziert. Carnegie wusste nichts von Bedeutung zu erzählen und hatte außerdem keine Ahnung vom Fachgebiet seines Tischnachbarn. Also beschränkte er sich darauf, Fragen zu stellen und aufmerksam zuzuhören. Am Ende des Abends, als sich die Gäste verabschiedeten, sagte der Wissenschaftler begeistert zur Gastgeberin: „Wissen Sie, ich habe mich selten so gut unterhalten. Mr. Carnegie ist ja wirklich ein äußerst faszinierender und intelligenter Gesprächspartner!"

Tatsächlich ist der wichtigste Aspekt für einen guten Kontakt, dass wir Interesse an anderen Menschen zeigen. Allerdings muss dieses Interesse echt sein. Es darf nicht nur eingesetzt werden, wenn man beim anderen etwas erreichen will. Wahrscheinlich hast du auch schon erlebt, dass dir jemand am Telefon Interesse an deiner Person vorgespielt hat („Ich wollte mal hören, wie es dir so geht"), nur um dich am Ende des Gesprächs um einen Gefallen zu bitten. Oder dass du zum Essen eingeladen wurdest, und spätestens beim Dessert wurde die Katze aus dem Sack gelassen: Man wollte eine bestimmte Information von dir. Echtes Interesse ist immer absichtslos und bezieht sich auf den Menschen.

Meine Erfahrung

Ich konnte mir an fünf Fingern ausrechnen, wann Corinna Interesse an mir zeigte. Immer dann, wenn ihr Mann auf Geschäftsreise war, rief sie an und fragte: „Wie geht es dir? Wollen wir nicht mal wieder was zusammen unternehmen?" In der übrigen Zeit war mit ihr nicht zu rechnen. Nachdem ich ein paar Mal die Lückenbüßerin gespielt hatte, zog ich mich von Corinna zurück.

Interesse am anderen zeigt sich in erster Linie durch aufmerksames Zuhören. Dabei sollte man jedoch unbedingt die drei Kardinalfehler des Zuhörens vermeiden:

- Die Worte des Gegenübers als Aufhänger nehmen, um die eigene Geschichte loszuwerden: Dir erzählt gerade jemand von einer wunderbaren Theateraufführung. Du wartest nur darauf, dass er Luft holt, um gleich darauf von deinem Lieblingsstück zu erzählen. Besser ist es, den anderen ausreden zu lassen.
- Versuchen, das Gegenüber zu übertrumpfen: Dein Gesprächspartner hat eine Operation, einen Autounfall oder Umzug hinter sich? Das ist doch noch gar nichts im Vergleich zu dem, was du erlebt hast. Stopp, verzichte auf den Vergleich! Du erreichst durch deine Schilderung keineswegs, dass du dem an deren imponierst. Stattdessen behält er dich höchstens als unsensibel in Erinnerung.
- Häufig unterbrechen: Sicher ist es nervig, wenn jemand in epischer Breite erzählt. Vielleicht weißt du auch schon genau, was als nächstes kommt. Trotzdem, lasse dem anderen Raum. Seine Geschichten sind ihm wichtig. Bringe die Disziplin auf, ihm zuzuhören.

Ein Gespräch beginnen

Durch Zuhören Interesse zu zeigen, ist ein hervorragender Weg, um Kontakte zu knüpfen. Oft müssen wir aber selbst auch selbst aktiv den ersten Schritt tun, um ins Gespräch zu kommen. So gelingt das ganz leicht:

♛ Gemeinsamkeiten ansprechen

Natürlich möchten wir gerne einen guten Eindruck machen. Also zerbrechen wir uns den Kopf, um etwas zu finden, womit wir groß herauskommen können, eine Bemerkung, die auf Anhieb zeigt, wie geistreich wir sind. Während wir noch grübeln, kluge Sätze überlegen und wieder verwerfen, ist die Gelegenheit längst vorbei. Vor allem ist der Krampf im Kopf völlig umsonst. Die guten Ideen für einen Gesprächsanfang müssen wir gar nicht mühsam entdecken, sie liegen sozusagen auf der Straße. Schau dich um, was du mit dem Menschen, der dich interessiert, gerade teilst. Zum Beispiel das Wetter, die Tischdekoration, das Ambiente. Dieses Material kleidest du in eine Frage und gibst damit deinem Gesprächspartner die Möglichkeit, darauf einzusteigen. Du sagst etwa auf einer Party am Buffet: „Haben Sie diesen Salat schon probiert? Der schmeckt superlecker." Die ersten Sätze dienen lediglich als Eisbrecher und dürfen deshalb allgemein sein. Hab keine Angst, dass sie vielleicht zu banal klingen.

♛ Persönliches einfließen lassen

Ohne einen kleinen Vertrauensvorschuss versickert ein Gespräch recht schnell. Wenn du zwar Interesse am anderen bekundest und ihm Fragen stellst, dich selbst aber bedeckt hältst, erweckst du Misstrauen. Der andere fühlt sich ausgefragt und wird seinerseits das Visier herunterlassen. Von daher empfiehlt es sich, kleine persönliche Aussagen einzuflechten, wie „Diesen italienischen Wein trinke ich besonders gerne. Er erinnert mich an meine Reise in die Toskana im letzten Herbst." Ist dein Gesprächspartner interessiert, kann er daraufhin leicht einsteigen und etwa erwidern: „Ach, Sie mögen Italien auch so? Ich plane gerade eine Städtetour nach Rom."

♕ Das Ping-Pong-Prinzip beachten

Beim Tischtennis muss der Ball zwischen den Spielern hin- und her geschlagen werden, damit überhaupt ein Spiel zustande kommt. Einer macht Ping, der andere Pong. Ein ähnliches Wechselspiel sollte auch beim ersten Kontakt stattfinden. Die meisten Menschen sind dankbar, wenn du das Schweigen brichst und gehen gerne auf ein Gespräch ein. Leider gibt es aber auch einige muffelige, arrogante oder einsilbige Zeitgenossen. Lass dich davon nicht verunsichern. Anstatt gekränkt zu sein oder dich abgelehnt zu fühlen, sage dir: „Das ist sein (ihr) Problem, nicht meins." Oder: „Schade, leider unerzogen." Bemühe dich in dem Fall nicht länger um Kontakt. Wechsle lieber zu Gesprächspartnern, die dich zu schätzen wissen.

Du bist begeistert

Wann bist du das letzte Mal einem Menschen jubelnd um den Hals gefallen? Wann warst du von einem Erlebnis so beeindruckt, dass du auf der Stelle sämtliche Freundinnen angerufen hast? Wann hat dich ein Buch, ein Film, eine Ausstellung oder ein Konzert so begeistert, dass du von nichts anderem mehr reden konntest? Wahrscheinlich ist das bei dir, wie bei den meisten von uns, schon lange, lange her und du verbuchst es unter „Sternstunde". Schade, denn Begeisterung bedeutet für den Alltag dasselbe wie die Luftbläschen für den Champagner: Das gewisse Prickeln, das heiter stimmt und mitreißt. Kinder besitzen diese Begeisterung, die aus vollem Herzen kommt, noch in Reinkultur. Sie können sich über kleine Dinge freuen, ganz in etwas aufgehen und Situationen, die eigentlich unangenehm sind, so verwandeln, dass sie Spaß machen. Solche kindliche Fähigkeit zur Begeisterung besaßen wir alle einmal. Fragt sich nur, wo sie geblieben ist.

Was dämpft unsere Begeisterung?

Dass die Begeisterung im Laufe der Jahre größtenteils verschwindet, hängt offenbar damit zusammen, dass wir erwachsen werden. Erwachsensein bedeutet, vernünftig zu werden. Wir lernen, Vor- und Nachteile nüchtern einzuschätzen. Wir wissen alles und stellen kaum noch Fragen. Natürlich geschieht das nicht schlagartig mit der Volljährigkeit. Es ist ein Prozess, der früh beginnt und entscheidend mit den Menschen zusammenhängt, die uns erziehen. Gerade wenn wir jung sind und die Welt erst entdecken, brauchen wir dringend jede Menge Lob, Verständnis und Unterstützung. Es wäre gut, wenn die Erwachsenen häufiger ihre Überlegenheit ablegen und einfach nur die Begeisterung der Kinder und Jugendlichen bestärken würden. Leider ist das selten der Fall. Stattdessen wird im Namen der Erziehung oder wegen eigener Vorbehalte die Begeisterung wegrationalisiert. Oft wird die kindliche Begeisterung auch durch Kritik zunichtegemacht. Auf diese Weise beginnen Kinder, mit den Augen der Erwachsenen zu sehen, und jedes Mal nimmt ihre Begeisterungsfähigkeit ein kleines bisschen mehr ab.

Im Lauf der Jahre lernen wir, uns zusammenzunehmen. Wenn uns heute etwas begeistert, äußern wir es in gemäßigter Form. Schließlich möchten wir nicht den Eindruck erwecken, wir seien hysterisch oder würden zur Übertreibung neigen. Wir fürchten, dass uns keiner mehr ernst nimmt, wenn wir uns zu exaltiert äußern. Zum Teil hängt das natürlich auch mit unserer Mentalität zusammen. In Deutschland ist es unüblich, sich lauthals oder gestenreich zu äußern. Die Bewohner südlicher Länder, die eine stärkere Gestik haben als wir, scheuen sich weit weniger, ihre Begeisterung zu zeigen.

Das Dumme ist nur, dass mit dem mangelnden Ausdruck der Begeisterung auch die Begeisterung selbst abnimmt. Inzwischen brauchen wir schon einen satten Lottogewinn oder müssen uns verlieben, um so richtig begeistert zu sein. Ansonsten köcheln wir in diesem Punkt auf Sparflamme.

Neue Begeisterung gewinnen

Nun wendest du möglicherweise ein, in deinem Leben gäbe es wirklich nicht viel, das dich zu Begeisterungsstürmen hinreißen könnte: Dein Job ist Routine, der Haushalt ist eher lästig, die Kinder sind zwar lieb, aber anstrengend, der Ehemann gehört zum vertrauten Inventar. Viele Highlights gibt es nicht. Du würdest ja gerne mehr Begeisterung zeigen, aber wie denn bitteschön? Gut, ich nehme die Herausforderung an. Ich möchte dir eine Methode vermitteln, die dir helfen kann, deine Begeisterung zu erhöhen.

♛ Das Tom-Sawyer-Prinzip

Mit seinem Buch „Tom Sawyers Abenteuer" hat der amerikanische Schriftsteller Mark Twain seiner eigenen Jugend in den Südstaaten ein Denkmal gesetzt. Eine hinreißende Stelle in diesem Klassiker beschreibt, wie Tom, ein halbwüchsiger Bengel, seine zunächst gespielte Begeisterung auf sämtliche Freunde überträgt:

An einem schönen heißen Sommertag will Tom gerade pfeifend zum Fluss entschwinden, als ihn seine Tante Polly dazu verdonnert, den ellenlangen Gartenzaun zu streichen. Tom ist am Boden zerstört, aber Tante Polly kennt keine Gnade. Besonders demütigend ist für ihn die Tatsache, dass alle seine Freunde auf dem Weg zum Fluss an ihm vorbeigehen müssen. Tom malt sich schon aus, wie sie ihn bemitleiden oder verspotten. Und da kommt ihm die Idee mit der Begeisterung.

Kaum ist der erste Spielgefährte in Sicht, versinkt Tom scheinbar völlig in seiner Aufgabe. Der Freund stellt sich neben ihn und stichelt: „Na, dir haben sie ja eine üble Beschäftigung aufgebrummt. Ich gehe jedenfalls schwimmen." Tom lässt sich gar nicht stören, sondern pinselt mit glücklichem

Gesichtsausdruck weiter. Sein Zuschauer ist verblüfft und erkundigt sich: „Du siehst ja aus, als ob dir die Arbeit Spaß macht.""„Tut es auch", erwidert Tom mit scheinbarer Begeisterung und erläutert: „Schwimmen kann ich doch jeden Tag, aber wann darf unsereins denn schon mal einen Zaun streichen?" Der Junge ist beeindruckt und fragt, ob er auch mal ein Stück streichen darf. Zum Dank verspricht er Tom ein Kaugummi. Nach und nach versammeln sich immer mehr Freunde vor dem Gartenzaun. Angesteckt von Toms Begeisterung wünschen sie sich nichts sehnlicher, als wenigstens ein paar Latten streichen zu dürfen. Am Ende erstrahlt der Zaun in neuem Glanz und Toms Hosentaschen sind voller Schätze, die ihm seine Freunde als Bezahlung gegeben haben.

Diese Geschichte soll kein Beispiel dafür sein, wie du deine Freunde am besten dazu kriegst, deine Arbeit zu erledigen. Vielmehr möchte ich dir damit zeigen, wie du sogar scheinbar reizlosen Tätigkeiten Begeisterung abgewinnen kannst.

♛ Liebe, was du tust

Das Tom-Sawyer-Prinzip besagt: Verwandle das, was dir an deiner Situation nicht passt, in etwas, das du liebst. Du findest, das sei Selbstbetrug? Ich sehe das anders: Es ist die beste Möglichkeit, deine Begeisterung neu zu wecken. Erinnere dich an den Spruch des alten Griechen: Nicht wie die Dinge tatsächlich sind, ist entscheidend, sondern wie wir sie sehen. Du kannst jede Situation umdenken, indem du herausfindest, was daran spannend, reizvoll und interessant ist. Also überlege, was deine Situation an Gutem beinhaltet, entdecke das Gold, das in ihr steckt. Ein bewährtes Hilfsmittel dazu ist, sich hundertprozentig zu engagieren. Erfülle deine Aufgabe nicht halbherzig nach dem Motto „Das ist ja sowieso nicht das, was ich will". Gib stattdessen dein Bestes. Versuche einmal einen Tag lang die beste Mutter der Welt, die zärtlichste Geliebte, die eifrigste Mitarbeiterin zu sein. Du wirst staunen, wie sehr das deine Einstellung zum Positiven verändert.

Meine Erfahrung

Als Germanistikstudentin musste ich neben meinem Studium Geld verdienen. Dabei konnte ich mir meine Tätigkeiten selten aussuchen. So kam es, dass ich im Kühlraum einer Metzgerei Hackfleisch portionsweise in Folie verpackte. Als Stewardess auf einem Hotelschiff lernte ich, die Launen der Passagiere mit einem Lächeln wegzustecken. Beim Bäumepflanzen an der Autobahn zog ich mir im strömenden Regen eine Erkältung zu. Objektiv gesehen war das alles mehr Frust als Lust. Aber irgendwie habe ich schon damals unbewusst das Tom-Sawyer-Prinzip angewandt. Ich sagte mir: Auf diese Weise lerne ich das Leben außerhalb des wissenschaftlichen Elfenbeinturms kennen und habe die Chance, in viele Bereiche zu schauen, die mir sonst verschlossen bleiben. So gesehen war manches wirklich interessanter als ein Seminar über die mittelhochdeutsche Lautverschiebung. Die Tom-Sawyer-Methode wende ich bis heute an – nun seit Langem bewusst.

Du setzt dich durch

Gewiss bist du kein ängstliches Häschen, das den Mund nicht aufkriegt, wenn ihm etwas nicht passt. Aber vielleicht kennst du das: Du hast manchmal Hemmungen, dich wichtig zu nehmen. Das passiert nämlich keineswegs nur unsicheren Frauen, sondern auch solchen, die erfolgreich im Berufsleben stehen und ihr Privatleben managen. Dabei gibt es einige typische Motive, sich zurückzunehmen.

Kreuze an, welche Punkte der „Harmonie-Checkliste" häufig auch auf dich zutreffen:

○ Ich will eine gute Zusammenarbeit nicht gefährden. („Bis jetzt läuft es prima. Wer weiß, was passiert, wenn ich in diesem Punkt nicht nachgebe.")

○ Ich möchte nicht egoistisch erscheinen. („Die glauben sonst, ich denke nur an meinen Vorteil.")

○ Ich will die Beziehung erhalten. („Ich liebe ihn/sie doch!")

○ Ich habe Mitgefühl. („Ich kann ihn/sie in der Situation nicht im Stich lassen.")

○ Ich bin meinen Werten verpflichtet. („Für mich gilt die Bergpredigt Jesu.")

○ Ich möchte nicht, dass andere erfahren, was ich wirklich denke und fühle. („Eigentlich finde ich sie todlangweilig, aber einen Kaffee kann ich ja mit ihr trinken.")

○ Ich möchte als guter Mensch vor mir selbst oder anderen dastehen. („Da muss ich einfach helfen.")

○ Ich habe Angst vor existenziellen Konsequenzen. („Dann werde ich entlassen", „Dann kündigen die mir.")

Das sind sicher alles gute Gründe. Trotzdem ist es oft notwendig, mutig über den eigenen Schatten zu springen, Grenzen zu setzen und Nein zu sagen. Sonst sagst du am Ende: „Mein Leben hat allen gefallen, nur mir nicht."

Diplomatisch Nein sagen

Es wäre jedoch äußerst unklug, dem Gegenüber knallhart zu verkünden: „Das mache ich nicht" oder „Das will ich nicht." Damit würdest du dir nur Feinde schaffen. Geschickter ist es, klar, aber dennoch verbindlich abzulehnen. Dabei hilft dir die folgende Strategie:

• Zeige mit deiner Wortwahl und deiner Mimik, dass du die Bitte, das Angebot oder die Anfrage zu schätzen weißt. Lächle freundlich und sage etwa: „Ich fühle mich sehr geehrt, dass Sie mich bitten", oder „Ich weiß es zu schätzen, dass du mich fragst."

- Drücke dein Bedauern aus und lehne das Ansinnen deines Gegenübers klar ab, ohne dich wortreich zu entschuldigen oder lange Erklärungen abzugeben. Es reicht, wenn du sagst: „Es tut mir sehr leid, aber ich kann Ihnen nicht weiterhelfen", oder: „Ich bedaure es, aber das passt für mich nicht."

- Falls du prinzipiell an der Anfrage interessiert bist und nur aktuell ablehnen musst, mache das deutlich: „Ich freue mich, dass Sie an mich gedacht haben. Es tut mir wirklich leid, dass ich für die nächsten sechs Wochen ausgebucht bin. Ich würde mich freuen, wenn Sie bei späterer Gelegenheit wieder an mich denken."

Schön, wenn der andere dein Nein gleich akzeptiert. Weniger einfach ist es, wenn er gut argumentieren kann. Schon manche Frau hat schließlich zugestimmt, weil sie den manipulativen Überredungskünsten ihres Gegenübers nicht gewachsen war. Dagegen gibt es eine absolut sichere Methode. Sie ist so einfach, dass man sie ohne großes Training in jeder beliebigen Situation anwenden kann. Sie trägt den Namen „Schallplatte mit Sprung". Der Titel stammt aus einer Zeit vor Erfindung der CD, als es noch diese runden schwarzen Scheiben aus Vinyl gab. Wenn die einen Kratzer hatten, hakten sie immer auf der gleichen Rille fest und produzierten endlos Wiederholungen. Genau das ist das Prinzip dieser rhetorischen Technik:

- Überlege dir zunächst einen klaren Satz. Etwa: „Du kannst mein Auto am Dienstag nicht haben." „Ich habe leider keine Zeit, diese Aufgabe für dich zu übernehmen."

- Auf die Bitte oder Forderung hin, die du nicht erfüllen möchtest, sagst du deinen vorbereiteten Satz, ohne jede Erklärung.
- Wenn dein Gegenüber nicht locker lässt und dich umstimmen will: Signalisiere ihm, dass du sein Anliegen verstehst, indem du sein Argument wiederholst und vermittelst, dass du es nachvollziehen kannst.
- Dann wiederholst du deinen Satz.
- Egal, welche Schmeichelei, Drohung oder Argumentation jetzt von der anderen Seite kommt: Du signalisierst Verständnis – und dann wiederholst du deinen Satz wie eine Schallplatte, die durch einen Sprung in einer Rille festhängt. Damit du dabei nicht wie ein abgerichteter Papagei klingst, empfiehlt es sich, den Satz jeweils leicht zu variieren.

Hier ist ein Beispiel:

Silke: „Anna, du musst mir aus der Patsche helfen. Du weißt doch, dass ich Peter so selten sehe. Ausgerechnet heute Abend will er mit mir ins Kino. Ich weiß nicht, was ich in der Zeit mit Mäxchen machen soll. Kannst du bei mir babysitten?"

(Anna ist es leid, ständig für Silke die Feuerwehr zu spielen. Bisher hat sie sich jedoch immer breitschlagen lassen.)

Anna: „Tut mir leid, Silke. Heute Abend spiele ich bei dir nicht den Babysitter."

Silke: „Anna, bitte, dies eine Mal noch. Ich habe mich so darauf gefreut, mit Peter auszugehen."

Anna: „Ich kann verstehen, dass du dich darauf freust, aber trotzdem möchte ich heute Abend nicht auf Mäxchen aufpassen."

Silke: „Ich denke, du bist meine Freundin. Eine schöne Freundin, die mich hängen lässt!"

Anna: „Ja Silke, ich verstehe, dass du enttäuscht bist. Aber heute Abend musst du alleine zurechtkommen."

Silke (beleidigt): „Naja, dann muss ich eben sehen, wer einspringt."

Anna: „Ich bin sicher, dass du noch jemand finden wirst."

Nicht ganz einfach, so konsequent zu bleiben, nicht wahr? Doch wenn dir etwas an deinem Nein liegt, ist die „Schallplatte mit Sprung" wirklich das ideale Mittel, um dich vor Manipulationen zu schützen.

Meine Erfahrung

Auf einem Seminar zum Thema „Selbstvertrauen" hatte ich diese Technik vermittelt. Wenig später traf ich zufällig eine der Teilnehmerinnen. Mit leuchtenden Augen berichtete sie mir, meine Methode habe ihr viel Geld gespart. Sie hatte sich in einer Boutique einen sündhaft teuren Mantel aufschwatzen lassen, der ihr zuhause nicht mehr gefiel. Sie brachte ihn zurück und wollte das Geld dafür wiederhaben. Man bot ihr nur einen Gutschein an. Sie wiederholte so lange: „Ich verstehe, dass Sie normalerweise nur Gutscheine geben, aber ich möchte mein Geld zurück", bis die Verkäuferin entnervt die Kasse öffnete.

Durchsetzen ohne schlechtes Gewissen

Fast jedes Nein und jede Ablehnung ist mit einem schlechten Gewissen verbunden. Und zwar aus gutem Grund: Von Kindesbeinen an haben wir gelernt, dass unsere Interessen weniger zählen als die der anderen. Wann immer wir uns nach dieser Regel verhalten, entsprechen wir unserem inneren Bild von einem guten Menschen. Dem widerspricht jedoch unser gesunder Egoismus. Von Natur aus liegen uns die eigenen Bedürfnisse mehr am Herzen als die der anderen. Dieser Gegensatz von gelerntem und natürlichem Verhalten bringt uns in eine Zwickmühle: Entscheiden wir uns dafür, dem Wunsch der anderen nachzugeben, handeln wir gegen unsere Interessen. Beschließen wir, unsere eigenen Bedürfnisse in den Vordergrund zu stellen, quälen wir uns mit Schuldgefühlen, weil wir unser Gegenüber nicht wichtig genug genommen haben. Aus dieser Zwickmühle kommen wir nur heraus, indem wir bewusst eine Entscheidung fällen. Dazu empfiehlt es sich, erst einmal Pro und Contra zu erwägen:

❓ Willst du dich wichtig nehmen?
Auf diese Weise gewinnst du Zeit, Energie, Geld, Selbstachtung, Respekt. Der Preis dafür ist, dass du Schuldgefühle durchstehen musst, eventuell Vorwürfe hörst oder weniger beliebt bist.

❓ Willst du es dem anderen Recht machen?
Dann fühlst du dich als guter Mensch. Deine Mitmenschen sind dir dankbar und mögen dich. Der Preis dafür ist, dass du dich überlastet oder ausgenutzt fühlst und Dinge tust, auf die du keine Lust hast.

Du hast immer die Wahl. Die Entscheidung fällt dir möglicherweise leichter, wenn du die folgenden Überlegungen einbeziehst: Schuldgefühle bedeuten nicht, dass du ein schlechter Mensch bist. Sie sind lediglich Ausdruck deines inneren Konfliktes zwischen gelerntem und natürlichem Verhalten. Es ist dein gutes Recht, die eigenen Wünsche zu verfolgen. Die anderen tun es doch auch, indem sie ihre Forderungen wichtiger nehmen als deine Interessen. Außerdem: Mit Nachgeben und Funktionieren gewinnst du keine wahre Liebe oder Achtung. Überlege bitte, wie viel dir tatsächlich an Menschen liegt, die dich allein aufgrund deines Wohlverhaltens akzeptieren und mögen.

Gegen das schlechte Gewissen oder die Schuldgefühle hilft nur, sie einfach durchzustehen. Und nicht wieder umzufallen! Du wirst sehen, dass sie dadurch im Laufe der Zeit immer weniger werden. Vor allem, wenn du feststellst, dass die Welt nicht untergeht, obwohl du Grenzen gesetzt hast. Im Gegenteil, manche schätzen deine Klarheit und Offenheit und bringen dir mehr Respekt entgegen als vorher.

Meine Erfahrung

Dass es vor allem uns Frauen schwerfällt, auch mal Nein zu sagen, weiß ich aus vielen Seminaren für weibliche Führungskräfte zum Thema „Kommunikation". Zu Beginn gebe ich die einzelnen Bereiche, die ich ansprechen will, als Wunschliste vor. Jede Teilnehmerin sagt, wo sie persönlich den Schwerpunkt setzen möchte. So sicher wie das Amen in der Kirche bekommt diese Trias die höchste Punktzahl: „Nein sagen", „Grenzen setzen", „Mit Schuldgefühlen fertigwerden." Zeit, dass wir es endlich wagen!

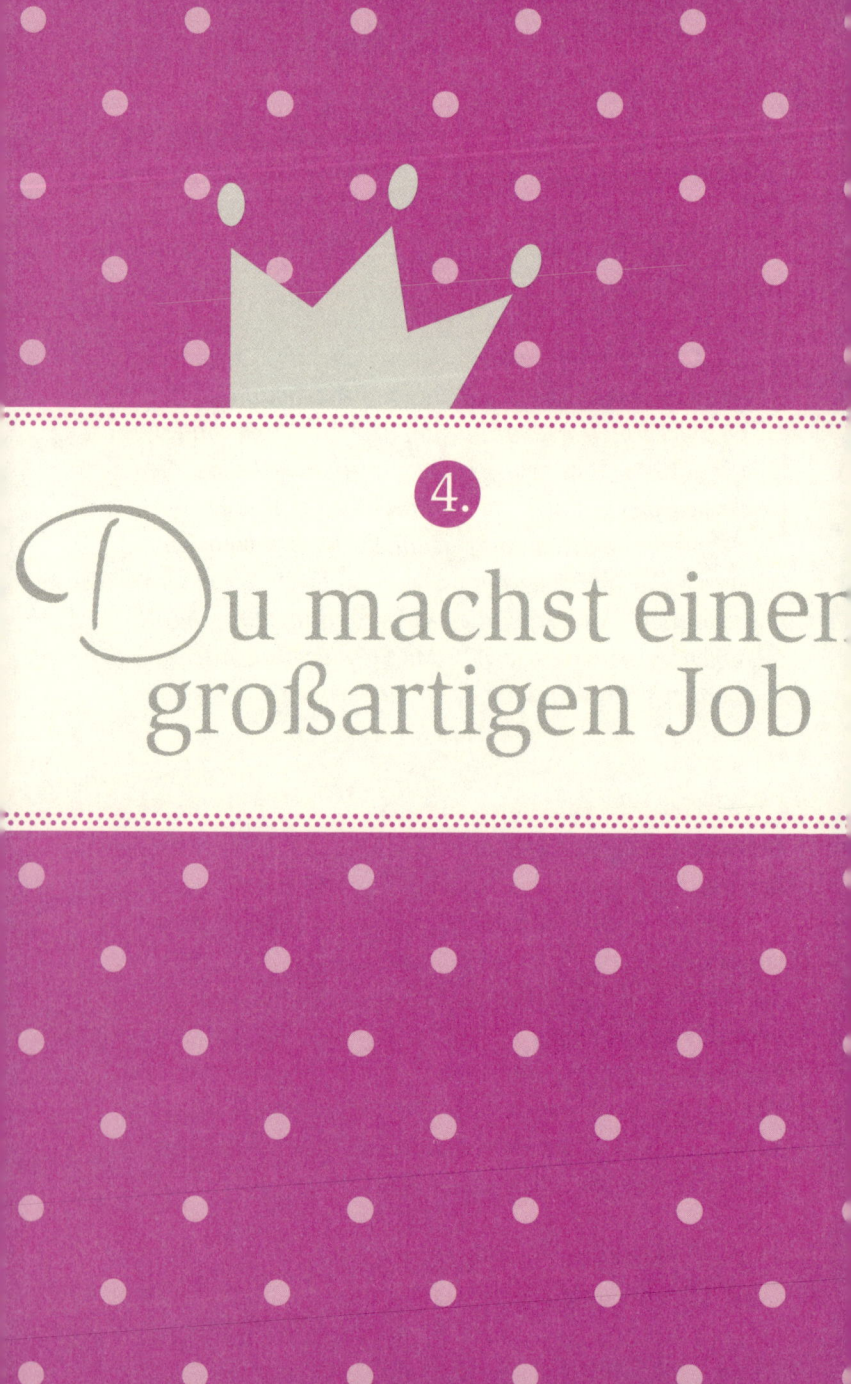

4.

Du machst einen
großartigen Job

Du hast Talent

Ich weiß, du bist wirklich einmalig! Das ist die volle Wahrheit! Du hast angeborene Stärken, Begabungen und Talente, die in ihrer Mischung so individuell sind wie ein Fingerabdruck. Genau die gilt es zu fördern. Von ihnen hängt nämlich zu einem großen Teil ab, wie glücklich und erfolgreich du im Leben bist: Wenn du deiner ureigenen Neigung nachgehst, fühlst du dich logischerweise viel besser, als wenn du dich mühsam durch den Tag quälst oder nur aus Pflichtgefühl und Routine arbeitest. Darüber hinaus macht es dich erfolgreicher, wenn du dein Talent auslebst. Du bist dann nämlich mit natürlichem Interesse dabei und wirst weniger von inneren Widerständen gebremst als auf Gebieten, die dir nicht liegen. Es macht dir dann tatsächlich Spaß, komplizierte Fachbücher zu lesen oder meilenweit zu fahren, um an einem Workshop teilzunehmen. Dein intensiver Einsatz wirkt sich auf die Dauer positiv aus. Du bekommst einen Wissens- und Erfahrungsvorsprung vor anderen und erwirbst jede Menge Kompetenz.

Wiegel jetzt bitte nicht gleich ab, du hättest doch gar keine besonderen Talente. Falls du das glaubst, handelt es sich um ein weit verbreitetes Missverständnis. Gewöhnlich verbinden wir Begabung und Talent mit herausragenden Fähigkeiten. Singen wie Anna Netrebko, Golfen wie Tiger Woods, die Computerindustrie revolutionieren wie Steve Jobs – so etwa in der Größenordnung. Aber welches überragende Talent hat schon eine ganz normale Steuerberaterin oder eine Architektin?

Der amerikanische Psychoanalytiker James Hillman weist solche Vergleiche zurück: „Außergewöhnliche Menschen gehören nicht einer anderen Kategorie an, die Arbeitsweise dieses Motors ist bei ihnen einfach nur leichter erkennbar." Du kommst also nicht umhin, dir die Frage zu stellen: Was ist als Anlage in mir vorhanden? Und was kann ich tun, um sie zu entfalten?

Entdecke dein Talent

Wo dein Talent liegt, zeigt sich meist schon in der Kindheit an dem, was du damals freiwillig, oft und gerne getan hast. Vielleicht hast du stundenlang mit kniffliger Lego-Technik gebastelt oder dich um Tiere gekümmert. Oder du warst mit Vorliebe draußen und bist auf die höchsten Bäume geklettert. Du hast sämtliche Lieder von deiner Lieblingskassette nachgesungen. Du hast fasziniert Steine gesammelt und in Kästchen sortiert. Was sich so harmlos als Kinderspiel zeigt, ist ein erstes, noch kaum zielgerichtetes Erscheinen unserer persönlichen Fähigkeiten. Für James Hillman sind unsere kindlichen Neigungen ein Wegweiser zu derjenigen Aufgabe, die wir in diesem Leben am besten erfüllen können, zu unserem eigenen Wohle und dem der anderen.

> ✎ **Schreib doch bitte einmal auf, was du als Kind im Alter von sieben bis elf Jahren besonders gerne getan hast:**
>
> ....
>
> ....
>
> ....

Meine Erfahrung

Ich staune im Nachhinein, wie früh sich im Grunde zeigt, was einem liegt. So habe ich im Alter von zehn Jahren oft mit einer Spülbürste als Mikrofon in der Küche gestanden und „Rundfunksprecherin" gespielt. Und schon in der Grundschule habe ich mit Begeisterung seitenlange Aufsätze geschrieben, während sich meine Klassenkameraden mühsam eine halbes Blatt abquälten. Hätte ich darauf geachtet, dann hätte ich mir später einige Umwege erspart und wäre gleich Buchautorin und Vortragsrednerin geworden. Aber gut, die Umwege gehören auch dazu. Trotzdem lohnt es sich auf jeden Fall, auf der Suche nach den eigenen Talenten auch einmal in die Kindheit zu schauen.

Wie Talent zum Beruf wird

Manche Menschen wissen tatsächlich schon in jungen Jahren, was sie einmal werden wollen und ziehen das mit aller Leidenschaft durch. Doch das ist nicht unbedingt die Norm. Einige haben mit ihrem Leben feste Pläne ganz anderer Art und plötzlich trifft sie ihr Talent wie ein Blitzschlag, sie können ihm nicht mehr ausweichen. Meist geschieht das nach einem tiefgreifenden Erlebnis, einer Krise oder einem Unglück. Wieder andere wissen gar nicht oder nur vage, was in ihnen steckt, und entdecken ihre Talente scheinbar per Zufall, vielleicht, weil sie irgendwo aushelfen oder auf eine Person treffen, die sie anregt. Dann gibt es auch Menschen, die zwar die allgemeine Richtung ihrer

Talente kennen, etwa anderen zu helfen, aber keine konkrete Vorstellung haben, in welchen Beruf sie das einbringen können. Oder solche, die im Laufe ihres Lebens verschiedene Berufe ausüben, wobei ihr Talent – etwa zu lehren oder die Umgebung zu verschönern – trotzdem erhalten bleibt. Für einige ist ihr Talent auch gar nicht an einen Beruf gebunden. Sie ziehen zum Beispiel mit viel Liebe Kinder groß oder pflegen mit grünem Daumen ihren Garten.

Leider passiert es aber auch häufig, dass wir das Bewusstsein für unsere individuellen Fähigkeiten verlieren, durch Einflüsse von außen oder Sachzwänge. In meiner Praxis als Psychotherapeutin habe ich häufig erfahren, dass Klienten auf Wunsch der Eltern in einen „sicheren" Beruf gedrängt wurden und ihre eigenen Neigungen so lange unterdrückten, bis sie sie selbst nicht mehr wahrnahmen. Häufig meinten sie dann, sie wären für nichts besonders begabt. In die Beratung kamen sie, weil sie intuitiv spürten, dass sie trotz gutem Gehalt, Anerkennung und Prestige nicht am richtigen Platz waren. Sie wollten herausfinden, was besser zu ihnen passte. Dass es vielen so geht, beweisen zahlreiche Coaches, die sich darauf spezialisiert haben, herauszufinden, wo das Talent ihrer Klientel liegt. Dabei kann man es mit Nachdenken auch selbst erkennen. Wo dein Talent liegt, zeigt sich anhand von zwei eindeutigen Kriterien. Sie können sich auf deine Arbeit beziehen, aber auch auf ein Ehrenamt oder Hobby.

♛ Was du tust, fällt dir leicht

Tätigkeiten auf deinem ureigenen Gebiet machen dir meist wenige Schwierigkeiten. Hier geht es deutlich schneller und müheloser als in anderen Bereichen. Das spiegelt dir auch deine Umgebung zurück. Du bekommst Komplimente und wirst häufig gebeten, genau diese Aufgabe zu übernehmen. Wenn du zum Beispiel Sinn für Farben und Formen hast, fragt man dich gerne um Rat bei der Wohnungseinrichtung. Wenn du sprachgewandt bist, bittet man dich, die Festschrift zum Jubiläum zu texten oder das Protokoll zu schreiben.

> ✎ **Trage hier bitte ein, welcher Teil deiner Tätigkeiten dir besonders leicht fällt:**
>
> ....
>
> ....
>
> ....
>
> ....

♛ Was du tust, macht dir Freude

Schon allein im Tun findest du eine große Befriedigung, nicht erst im Ergebnis. Du erlebst, was der ungarische Psychologe Mihaly Csikszentmihalyi „Flow" nennt. Die Zeit vergeht wie im Fluge, du versinkst vollkommen in deiner Tätigkeit. Dabei empfindest du die Arbeit oft gar nicht als solche, wie zum Beispiel der Modedesigner Karl Lagerfeld. Gefragt, warum er denn nie Urlaub mache, antwortete er: „Meine Arbeit ist für mich wie Urlaub." Obwohl es auch anstrengende und harte Zeiten gibt, in denen du am liebsten hinwerfen möchtest, ist es grundsätzlich so, dass du liebst, was du tust.

4. DU MACHST EINEN GROSSARTIGEN JOB

> 🖊 **Trage hier ein, welchen Teil deiner Tätigkeiten
> du mit besonderer Freude verrichtest:**
>
> ....
>
> ....
>
> ....

Dass deine spezielle Talentmischung wie der Schlüssel
zum Schloss zu bestimmten Aufgaben passt, heißt jedoch
nicht, dass es nur eine einzige passende Tätigkeit für dich
gibt. Es handelt sich vielmehr um ein ganzes Betätigungs-
feld, auf dem du deine optimale Position suchen musst.
Wenn du etwa gründlich und geduldig bist und gerne konzentriert arbeitest, dann reicht die Palette beispielsweise
von der Goldschmiede über medizinische Forschung bis
zum Ingenieurbüro. Wenn du geschickt mit Menschen um-
gehst, bist du vielleicht im Hotelgewerbe, in der Pressestelle
eines Konzerns oder in der Diplomatie am richtigen Platz.

Indem du dein Talent an der geeigneten Stelle einsetzt,
wirst du in jedem Fall innere Freude erfahren. Du kannst
zufrieden leben. Aber vielleicht darf es noch ein bisschen
mehr sein? Gerade wenn wir unsere Lebensaufgabe gefunden haben, entsteht meist ganz von selbst der Ehrgeiz,
darin besonders gut oder gar hervorragend zu sein. Keiner
hindert dich, nach den Sternen zu greifen. Allerdings erfordert das dann auch den vollen Einsatz. Ich will nicht un-
terschlagen, dass das manchmal ziemlich anstrengend ist
und man am liebsten aufgeben möchte. Man sieht nur noch
den Stress und die Schwierigkeiten. Dann ist es wichtig,
die Blickrichtung bewusst zu ändern.

Kreuze alles an, was du gewinnst, falls du durchhältst und konsequent daran arbeitest, dein Talent zu entfalten. Bitte keine falsche Bescheidenheit, es dürfen gerne auch ein paar „egoistische" Motive dabei sein.

- ○ Du hilfst anderen Menschen.
- ○ Du bist bekannt.
- ○ Dein Geschäft wird erweitert.
- ○ Du lernst interessante Leute kennen.
- ○ Du verdienst gutes Geld.
- ○ Du erhältst Privilegien.
- ○ Du bist attraktiv.
- ✗ Du bist kompetent auf deinem Gebiet.
- ○ Man bewundert dich.
- ✗ Du kannst stolz auf dich sein.
- ○ Deine Lieben können stolz auf dich sein.
- ○ Du bist glücklich.
- ○ Du musst später nichts bereuen.
- ✗ Es macht mehr Spaß, weil du das Handwerk beherrschst.
- ○ Du bist die Nummer Eins.
- ○ Einige werden sich über deinen Erfolg mächtig ärgern.
- ✗ Du hast die Herausforderung bestanden.
- ✗ Du hast wichtige Dinge hinzugelernt.
- ✗ Es gibt dir Selbstbewusstsein.

Auf diese Weise richtest du den Fokus auf die Sonnenseite deiner Anstrengungen. Du wirst merken, dass dir das neuen Schwung gibt. Lies dir deine Liste wieder durch, sobald deine Motivation zu schwinden droht.

Du bist aktiv

In Köln erzählt man sich eine nette Anekdote: Jeden Mittag um zwölf kommt ein Mann in den Kölner Dom, zündet eine Kerze an, wirft sich in der Bank auf die Knie und betet inbrünstig: „Lieber Gott, bitte, lass mich im Lotto gewinnen." Wochenlang geht das so. Bis schließlich eine himmlische Stimme entnervt von oben donnert: „Du Depp, füll doch erst mal einen Lottoschein aus." Eine gute Illustration dafür, dass wir oft vergessen, uns ganz praktisch für das einzusetzen, was wir uns vom Leben erhoffen. Tatsächlich verhalten wir uns gerne nach dem Motto „Was dir von Gott ist zugedacht, das wird dir bis ans Bett gebracht." Ich will nicht bestreiten, dass auch das der Fall sein kann, aber in den meisten Fällen ist bloßem Wünschen ohne Handeln kein Erfolg beschieden. Und mal ehrlich, eigentlich wissen wir das längst.

Wie kommt es also, dass wir trotzdem träge sitzen bleiben, statt das Notwendige in Angriff zu nehmen? Schuld ist unsere innere Wellnessberaterin. Viele nennen sie auch den „inneren Schweinehund", doch diese uncharmante Bezeichnung tut ihr Unrecht und trifft ihre wahre Funktion nicht. Im Prinzip hat sie nämlich nur gute Absichten, auch wenn der Effekt für uns nicht immer der beste ist.

Deine innere Wellnessberaterin

Die Aufgabe der inneren Wellnessberaterin ist, dich vor Stress zu schützen. Sie sorgt dafür, dass du dich nicht überanstrengst und genügend ausruhst. Sie möchte, dass du es im Alltag leicht hast. Ihr bewährtes Mittel, es dir angenehm zu machen, ist die Gewohnheit. Über Gewohnheiten musst du nicht lange nachdenken, sie laufen automatisch ab. Dagegen kostet alles, was von der Routine abweicht, zunächst geistige, seelische oder körperliche Energie. Genau das möchte deine innere Wellnessberaterin verhindern. Für die Erreichung eines Zieles aktiv zu werden, bedeutet jedoch oft, die Routine aufzugeben und Anstrengung auf sich zu nehmen. Damit du das nicht musst, gibt dir deine innere Wellnessberaterin gerne gute Argumente an die Hand.

Notiere hier, was du schon seit Längerem gerne tun möchtest:

Kurse besuchen, Projekt in Angriff nehmen, meine Routinen durchführen

Kreuze nun an, welche guten Erklärungen du bisher dafür gefunden hast, es nicht zu tun:

- ○ Im Augenblick habe ich dafür wirklich keine Zeit.
- ○ Bisher hat sich die Gelegenheit noch nicht ergeben.
- ○ Jetzt ist kein günstiger Zeitpunkt.
- ○ Ich habe zu viel zu tun.
- ○ Das liegt mir nicht.
- ○ Dazu fehlt mir das Talent.
- ○ Das Wetter ist zu schlecht.
- ○ Der Weg ist zu weit.
- ○ Das ist zu teuer.
- ○ Dazu müsste ich erst noch …

○ Alleine macht das keinen Spaß.

○ Ich bin zu müde.

○ Mir fehlt das Material (die passenden Schuhe etc.).

○ Ich weiß nicht, wo es so etwas gibt.

○ Mein Mann/meine Frau ist dagegen.

○ Das dauert zu lange.

✗ Heute habe ich keine Lust.

○ Damit warte ich bis zum Urlaub.

✗ Ich kann einfach nicht … (sparen, mir Tanzschritte merken, Unbekannte ansprechen.)

Geschickt verstärkt deine innere Wellnessberaterin die Ausreden mit den dazu passenden Gefühlen: In Gedanken an die jeweilige Aktivität fühlst du dich schlapp, unfähig, überfordert, gehemmt, unlustig, angestrengt oder faul. Eins ist sicher klar: Wenn du deiner inneren Wellnessberaterin das Feld überlässt, rührst du dich nicht vom Fleck. Das hat zwar den Vorteil, dass du dich nicht anstrengst – insofern hat deine innere Wellnessberaterin einen super Job gemacht –, aber dein Ziel erreichst du so nicht.

Du versuchst also, sie davon zu überzeugen, dass du für dein Ziel aktiv werden möchtest. Zum Beispiel jeden Tag zu joggen, für die Reise nach Mexiko einen Spanischkurs zu belegen, dich bei einer Online-Partnerschaftsbörse anzumelden, eine Diät zu machen, für den Traumjob Bewerbungen zu schreiben – was auch immer. Manchmal lässt sich die innere Wellnessberaterin durch ein intensives Verlangen überzeugen. Aber meist beißt man sich an ihr bei allem, was zu Anfang ungewohnte Anstrengungen verlangt, die Zähne aus.

Meine Erfahrung

Mein erklärtes Wunschziel war es, körperlich fit zu werden. Dazu wollte ich jeden Morgen vor dem Frühstück ein paar Runden im nahegelegenen Park laufen. Leider verlief die Diskussion mit meiner inneren Wellnessberaterin enttäuschend. Sie nutzte Dreiviertel der oben zusammengestellten Ausreden und verband sie geschickt mit den dazugehörigen Gefühlen. Keine Chance für die Fitness. Aber davon lässt sich eine Psychologin doch nicht abschrecken! Ich griff in meinen wissenschaftlichen Handwerkskoffer und zog eine Aktivierungsmethode heraus, mit der sich jede noch so taffe innere Wellnessberaterin auf der Stelle überlisten lässt. Diese wirkungsvolle Technik möchte ich dir weitergeben, damit du für dein Ziel aktiv werden kannst.

Handeln statt grübeln

Vor einigen Jahren fand in Hamburg ein internationaler Psychologenkongress statt. Unter den Referenten war auch Dr. William Glasser aus den USA, ein Spezialist für Depressionen. Ihm eilte der Ruf voraus, sogar schwer Depressive, die nur noch apathisch im Bett lagen, wieder in Bewegung zu bringen. Im Hörsaal saßen etwa fünfzig psychotherapeutisch tätige Menschen, darunter auch ich. Wir erwarteten einen wissenschaftlichen Vortrag über die Behandlung von Depressionen. Doch Dr. Glasser lud uns zunächst zu einem dreiteiligen Experiment ein. Wenn du Lust hast, mach das Experiment jetzt einfach mit, während ich es dir beschreibe. Ich bin sicher, es wird dich überzeugen.

TEIL EINS DES EXPERIMENTES

Als erstes forderte uns Dr. Glasser auf, spontan wütend zu werden – und zwar ohne uns vorher etwas zu überlegen, das uns wütend machen würde. Einige verstanden das als Aufforderung, wie gute Schauspieler brüllend und mit geballten Fäusten auf die Stühle zu steigen. Dr. Glasser holte sie schnell wieder herunter: „Sie sollen nicht wütend tun, sondern sich wirklich wütend fühlen."

Bitte, jetzt bist du dran: Werde auf der Stelle wütend.

Auf die anschließende Frage, wer es geschafft hatte, aus dem Stand heraus wütend zu werden, hob sich eine einzige Hand. Auf Nachfrage gab der Kollege zu: „Ich bin schon wütend in den Hörsaal gekommen." Allen anderen war es nicht gelungen, sich ohne Anlass in Rage zu bringen. Du hast es auch nicht geschafft, stimmt's?

TEIL ZWEI DES EXPERIMENTES

Nun bat uns Dr. Glasser, drei Minuten lang die Augen zu schließen und durchgängig an einen rosa Elefanten zu denken.

Jetzt bist du dran: Du kannst dazu vorab eine Eieruhr stellen oder einfach gefühlte drei Minuten lang die Augen geschlossen halten. Denke in dieser Zeit ununterbrochen an einen rosa Elefanten.

Wie ging es dir? Wenn du ausschließlich an den Elefanten gedacht hast, ist dir meine Bewunderung sicher. Wenn nicht, befindest du dich in bester Gesellschaft. Während dieser Zeit habe ich an einen rosa Elefanten gedacht, an das Mittagessen, an einen rosa Elefanten, an meine leichten Kopfschmerzen, an einen rosa Elefanten, in welchen Vortrag ich als nächstes gehen würde, an einen rosa Elefanten …

Als Dr. Glasser schließlich „Stopp" sagte und sich erkundigte, wer tatsächlich die ganze Zeit ohne Ablenkung an einen rosa Elefanten gedacht hatte, meldeten sich nur wenige.

TEIL DREI DES EXPERIMENTES

Zum dritten und letzten Teil forderte Dr. Glasser uns auf, unsere rechte Hand flach auf unseren Scheitel zu legen.

Jetzt bist du dran: Lege eine Hand auf den Kopf. Gehe dazu, wenn möglich, vor einen Spiegel.

Ich bin sicher, das hast du locker geschafft. Genauso wie wir alle. Du darfst mir glauben, der Anblick war ziemlich komisch: Etwa fünfzig Psychologen hatten ihre Hand auf dem Kopf.

DIE AUSWERTUNG

Und nun folgt die Erläuterung des Experimentes nach Dr. Glasser:

Der erste Teil („Wütend werden") zeigt, dass wir nicht einfach aus dem Stand heraus unsere Gefühle verändern können. Dazu müssten wir erst einmal über unsere Gedanken ein entsprechendes Gefühl auslösen, etwa indem wir uns daran erinnern, wie uns jemand gekränkt oder glücklich gemacht hat.

Der zweite Teil („Rosa Elefant") zeigt: Unsere Gedanken können wir zwar durch Willenskraft beherrschen, aber das setzt eine ständige Konzentration auf das voraus, was wir denken wollen. Gewöhnlich ist das recht schwierig, weil wir dazu neigen, im Geiste von einem Thema zum anderen zu springen.

Der dritte Teil („Hand auf den Kopf") belegt: Handeln können wir immer.

Das Fazit des Wissenschaftlers aus diesem anschaulichen Experiment lautet also: Wenn wir etwas in unserem Leben verändern oder erreichen wollen, beginnen wir am besten mit dem Handeln. In der Folge verändern sich dadurch meist auch unsere Gedanken und unsere Gefühle.

In seiner Therapie von Depressiven versucht Dr. Glasser deshalb nicht, die Gefühle seiner Patienten zu beeinflussen oder sie zum positiven Denken anzuregen, sondern bewegt sie direkt zum Handeln. So vereinbarte er zum Beispiel mit einer Frau, die vor ihrer psychischen Erkrankung gerne Patchworkdecken genäht hatte, dass sie die Hälfte seines Honorars mit einer Patchworkdecke abgelten könnte. Die Handarbeit brachte die Frau auf die Beine, machte ihr Freude und trug damit entscheidend zu ihrer Heilung bei.

Vermutlich liegst du nicht depressiv im Bett und fragst

dich deshalb, was Dr. Glassers Erkenntnisse denn wohl mit deinen Zielen zu tun haben. Nur Geduld, jetzt kommt die Verbindung. Ich habe nämlich aus Dr. Glassers Anregung eine Übung entwickelt, mit der auch du jederzeit aktiv werden kannst – die Roboter-Methode.

Solange du darauf wartest, dass du dich für dein Wunschziel in Bestform oder in der richtigen Stimmung fühlst, wird sich kaum etwas ändern. Das Geheimnis deines Erfolges besteht darin, dass du deine Gefühle und dein Denken – beides Lieblingsdomänen deiner inneren Wellness-Beraterin – einfach überspringst. Du ignorierst das ganze Vorspiel von skeptischen Überlegungen und negativen Emotionen und setzt direkt mit der Handlung ein. Das gelingt dir, indem du dich mechanisch wie ein Roboter verhältst. Typisch für Roboter ist ja, dass sie einprogrammierte Befehle ohne Wenn und Aber ausführen. Genau das macht die „Roboter-Methode" aus. Alles klar? Dann verrate ich dir jetzt, wie es geht:

Schreibe zunächst präzise auf, was du tun möchtest:

....

....

....

....

Lege genau fest, wann du es tun willst, mit Datum und Uhrzeit.

....

....

Handele nun automatisch zu der von dir festgelegten Zeit.

Dreißig Tage bis zur Routine

Die Roboter-Methode ist besonders gut für Wunschziele geeignet, bei denen du eine Routine aufbauen musst. Leider ist es aber nicht damit getan, sie einmal anzuwenden. Nur das, was wir kontinuierlich und regelmäßig tun, wird zur Gewohnheit. Wenn du jedoch dein Programm etwa vier Wochen strikt durchhältst, bedeutet es für dich keine Anstrengung mehr. Denke nur daran, wie mühsam es ist, Autofahren zu lernen. Zunächst muss man sich jeden einzelnen Vorgang bewusst machen und ihn dann auch noch mit allen anderen Aktivitäten kombinieren. Meist denkt man: „Das lerne ich nie". Und eines Tages, nachdem man sich wieder und wieder ans Steuer gesetzt hat, hat man es drauf. Es ist einem in Fleisch und Blut übergegangen. Das Unterbewusstsein hat die Kontrolle so perfekt übernommen, dass wir uns locker nebenbei unterhalten oder Radio hören können.

Meine Erfahrung

Für mein Ziel, fitter zu werden, notierte ich: „Am Tag X morgens vor dem Frühstück sieben Runden im Park laufen." Mein vorherrschendes Gefühl? Unlust. Meine dazugehörigen Gedanken? „Muss ja nicht unbedingt heute sein ..." Ich ignorierte beides und verwandelte mich innerlich in einen Roboter. Ich gab weder meinen Gedanken noch meinen Gefühlen nach, sondern verhielt mich wie aufgezogen: Ich zog meine Laufschuhe an. Ich verließ die Wohnung. Ich ging zum Park. Ich lief die sieben Runden. Glaub mir, ich war selbst verblüfft, als ich mich plötzlich auf dem Sandweg zwischen Bäumen wiederfand. Hinterher ging es mir tatsächlich so, wie Dr. Glasser es vorausgesagt hatte: Meine Gefühle und Gedanken veränderten sich. Ich fühlte mich gut und dachte stolz: „Siehst du, du hast es geschafft." Das alleine reichte aber nicht aus, mich am nächsten Tag wieder freudig auf die Piste zu treiben. Ich musste noch eine Weile das Roboterprogramm einsetzen. Nach etwa vier Wochen passierte ein kleines Wunder: Meine Gedanken und Gefühle änderten sich dauerhaft. Ich, jahrelang ein erklärter Sportmuffel, begann tatsächlich, Freude an der Bewegung zu entwickeln. Das Laufen gehört seitdem ganz selbstverständlich zu meinem Morgenritual. Und wenn ich es heute wegen Reisen oder Krankheit mal auslassen muss, dann fehlt es mir.

Du bringst Spitzenleistungen

Die Mängelliste

Soso, du findest also, dass du Besonderes leistest? Tut mir leid, aber für Selbstbeweihräucherung gibt es nun wirklich keinen triftigen Grund. Denke nur an deine Fehler und Schwächen. An denen solltest du erst einmal arbeiten, dann können wir eventuell über deine Großartigkeit reden. Also bitte, sieh den Tatsachen ins Auge und notiere hier zumindest fünf deiner gravierendsten Mängel.

Trage ein, was für dich eine Bedeutung hat, was du aber nicht gut kannst.
Zum Beispiel Einparken. Englisch. Tanzen. Computer einrichten. Ansehnlich backen. Das Fahrrad flicken. Vor Publikum sprechen. Oder eine Schwäche: Zum Beispiel Schokolade. Zu wenig Sport. Neid.

1. ....
2. ....
3. ....
4. ....
5. ....

Vielen Dank. Ich bin damit sehr zufrieden.
Herzliche Grüße
Deine innere Kritikerin

Die fünf Punkte hast du schnell notiert, du musstest nicht lange überlegen? Typisch wäre das jedenfalls. Unsere innere Kritikerin schafft es nämlich, dass wir permanent mit Tunnelblick auf unsere Schwächen schauen und sie immer hübsch präsent halten. Um ihr Paroli zu bieten, möchte ich dich bitten, jede (vermeintliche) Schwäche in der obigen Liste durchzustreichen und einen liebevollen, frechen, leichtsinnigen oder klugen Satz daneben zu schreiben. Hier ist eine kleine Anregung dazu:

- Ist mir doch egal!
- So what.
- Man kann nicht alles können.
- Das macht doch nichts.
- Peanuts!
- Ist doch nicht wirklich wichtig.
- Hauptsache, ich finde Leute, die das für mich erledigen.
- Es geht auch prima ohne.
- Das geht mir am A… vorbei.
- Mach's doch selbst besser!
- Andere kochen auch nur mit Wasser.
- Das kann ich mir leisten.

Fertig? Dann sollte es mich nicht wundern, wenn deine innere Kritikerin dir bei jedem Satz verärgert, besorgt oder beleidigt dazwischen gefunkt hat: „Du wirst schon sehen, was du davon hast!", „So kommst du nicht weiter", „Bitte, dann bleib doch mittelmäßig." Vergiss es!

Deine Pluspunkte

Wir werden deiner inneren Kritikerin jetzt noch viel mehr Wind aus den Segeln nehmen, denn hier kommt deine Pluspunkte-Liste. Schreib bitte alles auf, was du gut kannst, Großes wie Kleines, vom Plätzchenbacken bis zur Präsentation im Job. Und, ganz wichtig: Gut ist dabei gut genug. Du musst darin nicht perfekt sein.

✎ Notiere hier deine Pluspunkte:

1. ....
2. ....
3. ....
4. ....
5. ....
6. ....
7. ....
8. ....

Lies dir die komplette Liste in aller Ruhe und mit Genuss durch. Stell dir vor, das hätte eine andere Frau geschrieben. Dann wärst du gewiss beeindruckt, oder?

Lobrede auf eine großartige Frau – auf dich!

So gerüstet kannst du noch einen Schritt weitergehen und eine begeisterte Lobrede auf dich selbst verfassen.

Schalte dabei deine innere Kritikerin völlig aus, die etwa sagt: „Das ist doch peinlich" oder „Du gibst furchtbar an."

Verfasse hier deine ganz persönliche Lobrede:

Ich bin eine sehr gute

....

Ganz besonders an mir ist, dass ich

....

Darin bin ich besser als viele andere:

1. ....

2. ....

3. ....

Meine größten Erfolge beruflich oder privat waren bisher:

1. ....

2. ....

3. ....

Und weil ich so hervorragend bin, steht mir folgendes zu:

1. ....

2. ....

3. ....

Ich erwarte, dass man

1. ....

2. ....

3. ....

Tusch! Eigentlich müsste dir jetzt ein großes Publikum applaudieren. Weil du dich getraut hast, endlich deine eigene Leistung voll anzuerkennen. Und um dir zu bestätigen, dass jedes Wort deiner Lobrede wahr ist. Aber wenn du in dich hineinhorchst, dann weißt du das selbst. Also, schau in Zukunft bewusst auf deine Stärken und fall nicht wieder zurück in falsche Bescheidenheit.

Meine Erfahrung

Als ich noch als Psychotherapeutin tätig war, konnte ich selbst feststellen, wie effektiv es sich für ein positives Selbstbild auswirkt, wenn man sich schriftlich die eigenen Stärken bewusst macht: Ein Gesetz wurde verabschiedet, mit dem psychologische Psychotherapeutinnen ihren ärztlichen Kolleginnen gleichstellt werden sollten. Um die Approbation zu bekommen, musste man rückwirkend mindestens viertausend Therapiestunden nachweisen. Ich holte also alte Ordner – es war noch die Zeit vor den PCs – aus dem Schrank, um die Belege zusammenzustellen. Während ich mich in die Protokolle vertiefte, vergaß ich die Zeit. So manche Klienten tauchten vor meinen inneren Augen auf und ich dachte daran, wie viel wir zusammen erreicht hatten. Hätten Sie mich vorher gefragt: „Sind Sie eine großartige Therapeutin?", dann hätte ich garantiert gesagt: „Wir wollen mal nicht übertreiben, ich mache eine gute Arbeit." Nach Sichtung dieser viertausend Stunden war ich wesentlich mehr von meiner Qualifikation überzeugt.

Du erreichst deine Ziele

Jeder von uns hat Wünsche, große und kleine. Sicher können wir sie uns nicht alle erfüllen, aber zumindest unsere Herzenswünsche sollten wir konkret in Ziele umwandeln und dann alles dafür tun, was uns möglich ist. Überlege einmal in Ruhe, über was du dich noch lange freuen würdest (kleiner Wunsch) und was du im Leben unbedingt noch erreichen möchtest (großer Wunsch). Formuliere das konkret als Ziel(e).

Mein(e) Ziel(e):

1. ....

2. ....

3. ....

Damit du dein wichtigstes Ziel nicht aus den Augen verlierst, stelle ich dir den Daruma, einen kleinen „Erfolgspatron", zur Seite. Er wird dich daran erinnern, dass das Endergebnis noch aussteht. Ein Daruma ist eine rundliche Figur aus bemaltem Pappmaché. Die Japaner nutzen ihn, um sich zum Erreichen eines Zieles zu motivieren, sei es privat oder beruflich. Sogar in Firmen wird er für neue Projekte eingesetzt. Darumas Augen sind zunächst zwei leere weiße Flecken. Sobald man ein Ziel formuliert hat, malt man mit Filzstift das linke Auge aus. Hat man das Ziel erreicht, darf man das rechte Auge ausmalen. Bis dahin schaut einen der Daruma (vorwurfsvoll?) einäugig an. Du kannst ihm hier für dein wichtigstes Ziel ein Auge ausmalen:

Meine Erfahrung

In meinem Seminar „Charisma Days" lasse ich am Anfang einen Daruma herumgehen. Dazu sagt jede Teilnehmerin, was sie sich von dem Seminar erhofft. Am Ende frage ich dann wieder reihum, ob ich dem Daruma das zweite Auge ausmalen darf. Für die Teilnehmerinnen ist es ebenso wie für mich ein Check, ob das persönliche Ziel erreicht wurde.

Das Ziel illustrieren

Zur Bestärkung deiner Ziele eignen sich Bilder besonders gut. Sie sind so wirkungsvoll, weil sie direkt ins Unterbewusstsein eindringen und uns von dort aus aktivieren. Mithilfe der folgenden Anleitung kannst du dir eine Ziel-Collage basteln:

- Nimm einen großen Bogen festes Papier, am besten Fotokarton.
- Schneide aus Zeitschriften Fotos aus, die dein Ziel optimal illustrieren. Es sollten möglichst solche sein, die bei dir starke Gefühle wecken.
Wenn du zum Beispiel ein Kind möchtest, dann sammelst du die niedlichsten Babyfotos, etwa aus „Eltern". Falls dein Traum eine Reise ist, findest du passende Fotos in Reisekatalogen. Ist dein Ziel Gesundheit, schneidest du vielleicht Fotos von Menschen aus, die Lebensfreude und Beweglichkeit ausstrahlen. Liegt dir deine Karriere am Herzen, suchst du Fotos von Events heraus, auf denen erfolgreiche Menschen abgelichtet sind.
- Klebe die Fotos auf das Papier. Die Anordnung und Gestaltung ist dabei ganz dir überlassen.

Falls du nicht nur ein Ziel hast, sondern gleich mehrere, empfiehlt sich als Variante ein Ziel-Mandala (Kreisbild):

- Zeichne auf festem Papier einen großen Kreis von etwa 40 cm Durchmesser.
- Teile den Kreis in so viele „Tortenstücke" ein, wie du Ziele hast. Bei drei Zielen sind das also drei Teile. Wenn du

möchtest, kannst du jeden Teil noch mit farbigem Ton-
papier belegen. Dabei kann die Farbe das jeweilige Ziel
widerspiegeln, etwa Rot für die Liebe, Grün für Reisen,
Lila für Spiritualität.

- Schreibe an den Rand jedes Teils, um welchen Bereich
es sich handelt: Liebe, Beruf, Kinder, Wohnen, Reisen,
Gesundheit, Aussehen, Freunde, materielle Dinge, spiri-
tuelles Wachstum.
- Klebe die entsprechenden Fotos in den jeweiligen Bereich.

Hänge deine Ziel-Collage so auf, dass du sie jeden Tag
anschauen kannst. Für andere sollte sie jedoch lieber un-
sichtbar bleiben. Wenn du nämlich umständlich Erklärungen dazu abgeben oder dir negative Bemerkungen anhören
musst, schwächt das die Wirkung.

Der richtige Zeitpunkt: Jetzt!

Leider verschieben wir manche Ziele immer wieder, bis
es vielleicht zu spät ist. Deshalb müssen wir uns gegebenen-
falls selbst ein bisschen unter Druck setzen und uns klar-
machen, dass wir keine Zeit mehr verlieren dürfen. Ein gutes
Instrument dazu sind Fantasievorstellungen. So können wir
vorwegnehmen, was passiert, wenn wir nachlässig mit unserem Ziel umgehen. Sie sollen ein Gefühl der Dringlichkeit
auslösen und damit die Willenskraft mobilisieren. So haben
etwa die Psychotherapeuten Phil Stutz und Barry Michels,
die viele Hollywood-Stars erfolgreich coachen, eine wirkungsvolle Übung entwickelt. Sie nennen sie dramatisch „Leben
oder Tod". Zwar wirkt die Übung auf den ersten Blick etwas
makaber, sie ist aber durchaus sinnvoll. Allerdings sollte

man sie – wie jede Fantasieübung – nur machen, wenn man sich dabei wohl und sicher fühlt. Falls währenddessen unangenehme Empfindungen auftauchen, bricht man sie einfach ab und beschäftigt sich mit etwas anderem.

♔ Das letzte Stündlein hat geschlagen

Leg dich bequem auf den Rücken. Schließe die Augen, atme tief und ruhig. Stell dir vor, du liegst auf dem Sterbebett und schaust auf dein Leben zurück. Du hast nichts unternommen, um dein wichtigstes Ziel zu erreichen. Bereust du es? Lass dir Zeit, um deine Gefühle genau wahrzunehmen. Beende die Übung, indem du die Augen öffnest und die Handflächen fest aneinander reibst und dir danach leicht das Gesicht abklopfst.

Auch die folgende Fantasie-Übung kann dir helfen, gefühlsmäßig zu erleben, dass es höchste Zeit wird, dein Ziel in Angriff zu nehmen

♔ Die Zeitmaschine

Setze dich bequem hin und schließe die Augen. Stell dir vor, du sitzt in einer Zeitmaschine und fährst drei Jahre voraus in die Zukunft. Sieh dich in Ruhe um, wie dein Leben in drei Jahren aussieht, wenn du für dein Ziel nichts unternimmst. Wo lebst du? Wie lebst du? Was tust du? Spüre, wie es dir geht. Bist du glücklich oder deprimiert? Wenn du dich in der Zukunft genug umgeschaut hast, fahre wieder in die Gegenwart zurück. Öffne deine Augen, reibe die Handflächen fest aneinander und klopfe leicht dein Gesicht ab.

♔ Die Verlustliste

Falls dir Fantasieübungen nicht liegen, kannst du stattdessen auch ganz sachlich eine Verlustliste erstellen. Male dir sämtliche Nachteile aus, die es dir bringt, wenn du dich nicht genug für dein Ziel engagierst. Was wird dir an Lebensfreude, an beruflichem Erfolg und privatem Glück entgehen? Stelle dir vor, was du in deinem Leben vermissen wirst. Schreibe alle diese Verluste auf.

Ich hoffe, dass die Fantasieübungen oder die Verlustliste ihre emotionale Wirkung auf dich nicht verfehlen. Sie zeigen, wie es sein wird, wenn du passiv bleibst und schließlich bedauernd erkennen musst, dass du versäumt hast, rechtzeitig die Weichen zu stellen. Das kann dir den entscheidenden Impuls geben, schon jetzt konsequent etwas zu tun. Wann, wenn nicht jetzt?

Das Ziel zerlegen: Die Perlenkette

Große Ziele erreicht man, indem man sie in Teilziele zerlegt. Schreibe dein Ziel in die größte Perle. Notiere dann an den kleinen Perlen, wie du Schritt für Schritt dort hinkommen willst.

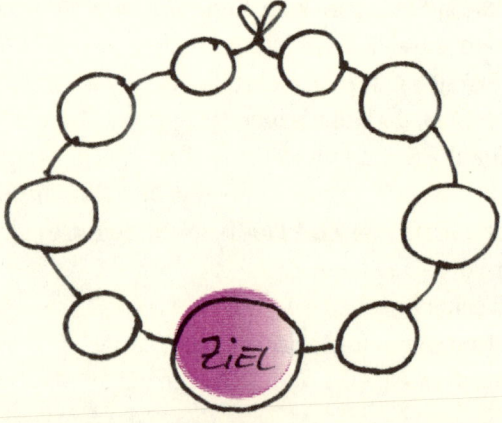

Die persönlichen Ziele sind verschieden. Doch unabhängig vom Inhalt ist für jedes Ziel die Anwendung der SMART-Formel sinnvoll. „Smart" ist ein Akronym aus den Anfangsbuchstaben folgender Wörter: spezifisch, messbar, attraktiv, realistisch und terminiert.

S-PEZIFISCH: Das Ziel genau formulieren

Mit einem allgemein formulierten Ziel erreichst du nur ein vages Ergebnis. Beispiel: „Ich möchte mehr Kontakt zu anderen haben" ist unpräzise. Also frage dich: Was bedeutet es für dich konkret, mehr Kontakt zu haben? Mögliche Antwort: Ich möchte mich mit sympathischen Menschen zum Essen, Ausgehen und zu interessanten Veranstaltungen treffen. Bingo, das ist ein genaues Ziel für mehr Kontakt.

M-ESSBAR: Das Ziel mit Zahlen erfassen

Du bestimmst selbst, woran du erkennst, dass du auf dem besten Weg bist, dein Ziel zu erreichen. Etwa: Ich habe es geschafft, mehr Sport zu machen, wenn ich dreimal pro Woche jogge.

A-TTRAKTIV: Das Ziel sollte reizvoll sein

Was du anstrebst, sollte dir im Endergebnis wirklich Freude machen. Es geht nicht darum, sich einer Norm anzupassen oder sich etwas vorzunehmen, nur weil andere das für gut halten.

R-EALISTISCH: Das Ziel muss erreichbar sein

Dein Vorhaben kann gerne anspruchsvoll sein, aber es darf dich nicht überfordern. Gewisse Grundvoraussetzungen solltest du dafür schon mitbringen.

T-ERMINIERT: Zeiträume und Termine festlegen

Zu jedem Ziel gehören ein Zeitrahmen und feste Termine. Was willst du bis wann erreicht haben? Das trägst du in deinen Kalender ein.

Mit der SMART-Formel steckst du dir inhaltlich und zeitlich einen Rahmen. Sie hilft dir, nichts aufzuschieben und gibt dir die Kontrolle über den Erfolg, denn so ist das Ziel klar, messbar und überprüfbar.

Das Ziel visualisieren

Bevor du deinen Plan in die Realität umsetzt, ist es manchmal sinnvoll, dich für den Ernstfall vorzubereiten. Deine Vorstellungskraft ist auch in diesem Fall nützlich. Sie gibt dir die Möglichkeit, risikolos vorab zu proben, wie du Schritt für Schritt vorgehen sollst.

Angenommen, dein Ziel ist es, vor mehreren Menschen zu sprechen. Deshalb hast du dich für eine Präsentation gemeldet, die in den nächsten Tagen stattfindet. Du möchtest dabei sicher und ruhig auftreten. Bevor das Ereignis tatsächlich stattfindet, bereitest du dich darauf vor, indem du die Situation visualisierst. Du lässt sie detailliert so vor deinen inneren Augen vorüberziehen, wie sie vermutlich in der Realität ablaufen wird: Du begrüßt am Eingang alle Zuhörer. Dann gehst du nach vorne. Du legst dein Manuskript auf das Pult ... und so weiter. Wenn dir dein Verhalten in der Fantasie nicht gefällt, korrigierst du es so lange, bis es für dich stimmig ist, ähnlich als ob du für einen Film Probeszenen drehst. Erst wenn du mit dir zufrieden bist, hörst du auf zu visualisieren. Auf diese Weise bereitest du die Realität optimal vor. Du machst einen Trockenkurs für den Ernstfall und verstärkst damit die Aussichten, dein Ziel mit Erfolg zu erreichen. Das gilt für alle Arten von Zielen.

Meine Erfahrung
Es ist erstaunlich, wie genau sich die Vorstellung in die Realität umsetzen lässt. Ich habe schon häufig erlebt, dass mir Klienten verblüfft bestätigten, das Ereignis sei haargenau so abgelaufen, wie sie es sich vorgestellt hatten.

Zu guter Letzt kann es auch sehr motivierend und aufbauend sein, von Zeit zu Zeit innerlich einen Schritt zurückzutreten und Bilanz zu ziehen:

- Was hat gut geklappt?
- Was war nicht so erfolgreich?
- Warum nicht?
- Was kann ich besser machen?

Am besten trägst du dann deine positiven Bilanzergebnisse in ein Erfolgstagebuch ein. Das hat den Vorteil, dass du jederzeit zurückblättern und nachlesen kannst, was du alles schon erreicht hast.

5.

Du führst ein großartiges Leben

Du lebst ausgeglichen

An meiner Pinnwand im Büro hängt als ständige Mahnung eine Karte mit dem Spruch: „Natürlich weiß der Mensch, was gut für ihn ist – aber dann hat er doch wieder keine Zeit!" Ich bin sicher, dir ist längst klar, was gut für dich ist. Und du weißt auch sehr wohl, an welcher Stelle du es bisher vernachlässigt hast, weil anderes dir wichtiger erschien. Leider vergessen wir oft, dass unsere Zeit begrenzt ist und gehen deshalb viel zu leichtsinnig mit ihr um. „Carpe diem", nutze den Tag, sagt der römische Dichter Horaz. Du kannst das als Aufruf zum puren Vergnügen ohne Blick auf morgen verstehen – oder als Hinweis darauf, jeden Tag für die richtige Balance zu sorgen. Du wirst merken, dass ein Tag im Gleichgewicht ein noch viel größerer Genuss ist. Indem du in allen Bereichen auf Balance achtest, gestaltest du dein Leben zu einem Gesamtkunstwerk, das dich wirklich befriedigt.

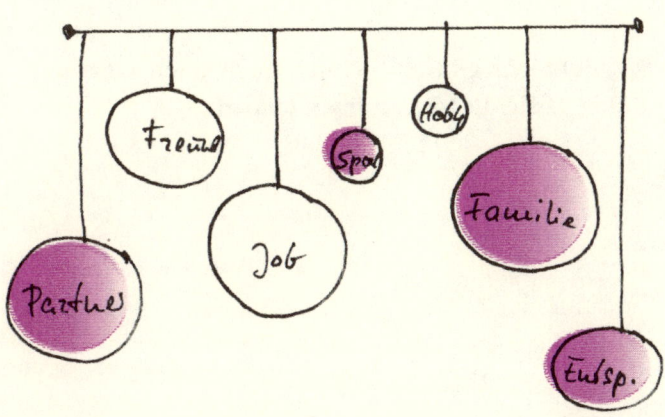

Deine Lebensbereiche – ein Mobile

Unsere einzelnen Lebensbereiche bilden zusammen ein komplexes System, in dem Balance wichtig ist. Ein passendes Symbol dafür ist das Mobile, denn es verbindet unterschiedlich große Objekte in vollkommenem Gleichgewicht miteinander. Wie bei einem Mobile sollten deine Lebensbereiche in einem ausgewogenen Verhältnis zueinander stehen. Im Allgemeinen zählen dazu:

- Beruf
- Partnerschaft
- Familie
- Freunde
- Hobby
- Entspannung
- Persönliche Weiterentwicklung
- Engagement für andere Menschen
- Zeit für mich
- Gesundheit, Fitness

Vielleicht gibt es für dich auch noch weitere Gebiete, die du hier anfügen kannst:

- ....
- ....
- ....
- ....
- ....

Für die Aufteilung deiner Lebensbereiche gibt es keine festgelegte Norm. Niemand kann dir vorschreiben, in welchem prozentualen Verhältnis die einzelnen Gebiete stehen müssen, um ausgeglichen zu sein. Schließlich hängt das ja auch von deiner jeweiligen Lebenssituation ab. Wenn du dich gerade selbständig gemacht hast, wiegt deine Arbeit sicher besonders schwer. Bist du Hausfrau, hat deine Familie größeres Gewicht. Falls du keinen Partner oder keine Familie hast, sind diese Bereiche vorerst überhaupt nicht ausgefüllt. Doch eines steht fest: Auch wenn du die Gewichtung eine Zeit lang variabel gestalten kannst, braucht doch jeder Teil deines Lebens ein Mindestmaß an Aufmerksamkeit, sonst gerät dein Lebensmobile aus dem Gleichgewicht

Eine Schieflage entsteht, wenn du dich in einem Bereich leidenschaftlich engagierst und dafür andere vernachlässigst. Wie zum Beispiel Carola. Sie arbeitet in der Marketingabteilung eines Kosmetikkonzerns. Für sie steht ihre Karriere an oberster Stelle. Wenn ihr Chef ihr kurz vor Feierabend noch einen Auftrag auf den Tisch legt, macht sie selbstverständlich Überstunden. Mit einem kurzen Anruf meldet sie sich bei Mann und Tochter ab, die dann wieder einmal ohne sie zu Abend essen. Dass ihr Familienleben und ihre Partnerschaft darunter leiden, verdrängt sie.

Kannst du wirklich eindeutig sagen, dass deine verschiedenen Lebensbereiche im Gleichgewicht sind? Eine Prüfung lohnt sich jedenfalls.

- Nimm ein großes Blatt Papier. Lege es mit der breiten Seite vor dich und ziehe am oberen Rand von links nach rechts einen Strich.
- Schreibe nun mit genügend Abstand beliebig auf dem ganzen Blatt verteilt deine einzelnen Lebensbereiche auf:

Beruf, Hobbys, Freunde, Partnerschaft oder Partnersuche, Familie, Zeit für dich selbst, Investition in persönliche Entwicklung, Engagement für deine Mitmenschen. Füge auch noch diejenigen Bereiche hinzu, die dir außerdem wichtig sind.

- Ziehe um jeden Bereich einen Kreis in der Größe, die seiner gegenwärtigen Bedeutung für dich entspricht. Beispiel: Wenn du deiner Familie viel Zeit widmest, machst du einen großen Kreis um das Wort „Familie". Wenn du nur selten deinem Hobby nachgehst, machst du um „Hobby" einen kleinen Kreis. Falls ein Bereich überhaupt nicht abgedeckt wird, umrahmst du nur eng das Wort.

- Verbinde nun jeden Kreis einzeln durch einen senkrechten Strich mit der Linie am oberen Blattrand. Auf diese Weise erhältst du dein aktuelles Lebensmobile.

Lass jetzt das Gesamtbild intuitiv auf dich wirken. Anstatt genau abzumessen, erfasst du gefühlsmäßig, wie die Dinge stehen. Hast du den Eindruck, dass dein Lebensmobile insgesamt im Gleichgewicht ist? Es kann durchaus sein, dass ein großer Bereich von mehreren kleinen ausgeglichen wird. Vielleicht ist der Bereich „Arbeit" ein ziemlicher Brocken, wird aber durch die drei kleineren Kreise „Hobbys", „Freunde" und „Zeit für mich" recht gut ausbalanciert.

Falls du findest, dass dein Mobile nicht im Gleichgewicht ist, nimm einen Rotstift und verändere damit die jeweiligen Kreise so wie du es dir wünscht. Mach sie kleiner oder größer, ganz wie es deiner Ansicht nach am besten wäre.

Schau dir jetzt das korrigierte Bild an. Überlege für jeden Bereich mit einem roten Kreis: Was muss ich tun, um diese Verkleinerung oder Vergrößerung konkret umzusetzen? Lass dir so viele Lösungen wie möglich einfallen. Notiere sie unter dem jeweiligen Stichwort, entweder gleich hier unten im Buch oder auf einem Extrablatt. Wenn du den Bereich Partnerschaft vergrößern willst, kannst du zum Beispiel beschließen, für die nächste Woche Kinokarten zu besorgen. Oder du möchtest den Bereich Hobby erweitern. Also nimmst du dir vor, in das neue Volkshochschulverzeichnis zu schauen, um Anregung zu erhalten. Vielleicht möchtest du den Bereich Beruf verkleinern und entscheidest dich deshalb, ein Seminar über Zeitmanagement zu besuchen, um mehr Freiheit zu gewinnen. Auf diese Weise erstellst du dein individuelles Programm.

Das willst du konkret tun, um bestimmte Lebensbereiche anders zu gewichten:

1. ....

2. ....

3. ....

4. ....

5. ....

Am besten fängst du sofort an, je einen Punkt aus den Bereichen, die du ändern möchtest, umzusetzen. Damit tust du den ersten Schritt, deine verschiedenen Lebensbereiche in die für dich richtige Balance zu bringen.

Belohnung für das Gleichgewicht

Wenn du es geschafft hast, alle wichtigen Lebensbereiche zu berücksichtigen, führst du ein erfülltes Dasein. Du beschränkst dich nicht länger auf einen kleinen Ausschnitt deines Lebens, sondern genießt alles, was es zu bieten hat. Etwa so: Nach einem intensiven Arbeitstag triffst du dich mit Freunden. Aus dem turbulenten Familienleben ziehst du dich für eine Weile zurück, um ein Buch zu lesen. Für deine Gesundheit verabredest du dich einmal in der Woche zum Joggen. Du wirst sehen, wie glücklich und zufrieden solche harmonischen Wechsel machen.

Darüber hinaus schließt du auf diese Weise mit dir selbst eine hervorragende Lebensversicherung ab. Weil in der Balance ein Bereich den anderen stützt, bist du gegen viele Krisen gut gewappnet. Die amerikanische Psychologin Susan Jeffers spricht in dem Fall von einem „Lebensnetz". Je vollständiger dein Netz geknüpft ist, desto besser wirst du in Krisenzeiten aufgefangen. Wenn etwa dein Partner dich verlässt, hast du immer noch deine Freunde, dein Hobby, eine erfüllende Arbeit. Wenn man dir kündigt, fällst du nicht ins Bodenlose, sondern findest Rückhalt in deiner Familie oder nimmst dir Zeit, neue Pläne zu machen. Ein intaktes Lebensnetz setzt jedoch voraus, dass du dich nicht erst im Notfall um ein Gleichgewicht bemühst, sondern es rechtzeitig pflegst.

Meine Erfahrung
In größeren Abständen male ich zur Kontrolle mein Lebensmobile. Es lohnt sich, die Blätter aufzubewahren

und später zu vergleichen, was sich geändert hat. Noch vor einiger Zeit musste ich in puncto „Arbeit" einiges korrigieren: Ich gönnte mir einfach nicht genug Entspannung und nahm die Anfragen anderer wichtiger als meine eigene Planung. Auf meinem letzten Mobile konnte ich dann schwarz auf weiß erkennen, dass sich das inzwischen gebessert hat. Der Kreis um „Arbeit" war ein wenig kleiner geworden, der für „Zeit für mich" etwas größer. Na also, geht doch. Man muss es sich nur bewusst machen.

Du bist unternehmungslustig

Es geht uns fast allen so. Wir erledigen zuverlässig unsere zahlreichen Aufgaben und verlieren dabei den Spaß aus den Augen. Ab und zu gibt es durchaus mal ein Highlight, etwa wenn wir zu einer Party eingeladen sind oder uns eine Geschäftsreise in eine attraktive Stadt führt, aber im Großen und Ganzen kommt die Pflicht vor der Kür. Dabei geht allmählich der Glanz verloren und mit ihm die Lebensfreude. Doch das ist keineswegs allein den äußeren Umständen geschuldet, sondern hängt auch von unserer Eigeninitiative ab. Wir bringen zu wenig Energie auf, uns für unsere eigenen Bedürfnisse einzusetzen. Manchmal muss man sich selbst zum Glück zwingen und den Blick wieder auf das lenken, was man gerne tut. Dazu möchte ich dir ein paar Vorschläge machen.

Der Abenteuerwürfel

Überlege dir doch einmal sechs Dinge, die du schon immer gerne tun wolltest, aber bisher noch nicht getan hast–vielleicht weil es dir zu teuer ist, du dir dabei albern vorkommst, du ein bisschen Angst davor hast oder anderes immer wichtiger ist. Zum Beispiel: Dich zum Tangokurs anmelden. Einen Hut kaufen. Reiten lernen. Fallschirmspringen. Die Haarfarbe wechseln. Den Motorradführerschein machen. Dich professionell schminken lassen. Für einen Marathon trainieren. Freunde in einer anderen Stadt besuchen. Genau sechs Aktivitäten sind es, weil ein Würfel sechs Seiten hat. Den musst du nämlich zur Hand nehmen, um deine Abenteuer zum Leben zu erwecken.

Notiere hier sechs Abenteuer für dich:

1. ....

2. ....

3. ....

4. ....

5. ....

6. ....

Bevor du nun würfelst, schließe bitte noch einen bindenden Vertrag mit dir selbst ab:

Ich, ... , verpflichte mich: Sobald ich gewürfelt habe, werde ich tun, was die Augenzahl angibt. Wenn ich zum Beispiel eine Drei gewürfelt habe, setze ich sofort um, was an dritter Stelle auf meiner Liste steht.

Ort, Datum ....

Unterschrift ....

Ob und wann du würfelst, bestimmst du selbst. Doch wenn du es tust, gilt dein Vertrag. Falls sich etwas nicht unmittelbar umsetzen lässt, musst du zumindest sofort alles Nötige dafür vorbereiten. Beispiel: Dein gewürfeltes Abenteuer ist Fallschirmspringen. Dann informierst du dich im Internet, wo das möglich ist und machst einen Termin fest. Hast du eine Aktivität von deiner Liste erledigt, wird sie gleich durch eine neue ersetzt.

Meine Erfahrung
Für mich hat es sich bewährt, nicht gleich große Vorhaben wie „Freunde im Ausland besuchen" zu notieren, sondern lieber mit praktikablen Wünschen zu beginnen, wie etwa, morgens schwimmen zu gehen. Sonst ist es anfangs zu schwer, den Vertrag auch wirklich einzuhalten. Ein kleiner Schritt über die eigene Komfortzone fällt halt leichter als ein Riesensprung. Doch wie heißt es so schön: Jede Reise beginnt mit dem ersten Schritt. Vielleicht steht schon bald auf meiner Liste: Senta und Ferdinand in Chile besuchen.

Der schönste Tag

Spielst du Lotto? Oder wünschst du dir manchmal, du hättest richtig viel Geld und könntest so leben, wie du willst? Zumindest in der Fantasie möchte ich dir diesen Wunsch jetzt erfüllen. Du darfst schwelgen: Male dir deinen idealen Tag aus, von morgens früh bis abends spät. Ohne jede Zensur! Sei unbescheiden. Verbanne Gedanken wie „Ich muss doch Geld verdienen" oder „Wer betreut denn in der Zeit die Kinder?". Es geht nur um dich und deine Träume.

Schreibe hier auf, wie perfekte 24 Stunden für dich aussehen könnten:

....
....
....
....
....
....
....
....
....
....
....
....

Zu schön, um wahr zu sein? Nun ja, es scheint utopisch, in einem Haus am Meer an einem Roman zu schreiben, wenn man tatsächlich acht Stunden in der örtlichen Sparkasse tätig ist. Oder mit dem liebsten Menschen morgens gemütlich zu frühstücken, wenn man zur Arbeit muss oder sich um kleine Kinder kümmert. Trotzdem gehören solche Tagträume nicht nur ins Reich der Fantasie. Sicher, wir haben Verpflichtungen, die wir nicht einfach vernachlässigen dürfen. Aber es gibt mehr Spielraum als wir glauben – und den haben die meisten von uns noch längst nicht ausgeschöpft. Dein idealer Tag zeigt dir den Weg zu deinen geheimen Sehnsüchten und Bedürfnissen. Lies dir noch einmal in Ruhe durch, was du geschrieben hast. Frage dich dann: Was davon kann ich in meinem Alltag umsetzen? Angenommen, in deiner Fantasie bist du Gast eines Luxushotels. Im Blick auf Zeit und/oder Geld ist das nicht so einfach zu verwirklichen. Wohl aber kannst du dir Teile davon gönnen, etwa: Das Bett mit edler Wäsche beziehen, ein opulentes Frühstück herrichten, ein Bad mit einem feinem Badezusatz nehmen. Ich wette, du wirst dich wie im Adlon fühlen.

Meine Erfahrung

In meinem idealen Tag kommt viel Kunst vor. Dafür nach London zur Tate Gallery jetten? Leider nicht möglich. Aber in Hamburg gab es gerade eine tolle Fotoausstellung in den Deichtorhallen. Statt die Mittagspause wie gewöhnlich in meinem Büro zu verbringen, nutzte ich sie diesmal für einen Besuch und setzte mich danach beschwingt wieder an die Arbeit.

Zum guten Schluss: 10 Glückskekse für dich

Gewiss kennst du Glückskekse, dieses kleine Gebäck, das man in rotem, glänzendem Papier beim Chinesen bekommt. An dem harten Teig beißt man sich zwar fast die Zähne aus, aber dafür findet man innen eingebacken einen kleinen Zettel mit einem Orakel oder einem klugen Spruch. Das hat mich auf eine Idee gebracht: Statt dir jetzt zum Schluss einfach nur Glück zu wünschen, möchte ich dir glückliche Momente verschaffen, in denen du deine Großartigkeit spüren kannst. Meine „Glückskekse" mögen auf dich harmlos wirken, aber sie haben es in sich. In ihnen steckt eine gute Portion meiner Glücksforschung. Also, suche dir einen Glückskeks aus. Oder noch besser, probiere sie alle der Reihe nach.

👑 **Frage einen vertrauten Menschen, was er an dir besonders mag.**

👑 **Schließe die Augen und denke an ein schönes Urlaubserlebnis.**

👑 **Sage einem lieben Menschen, was du für ihn empfindest – sofort!**

👑 **Wofür könntest du dich loben? Tu es, vor dir selbst und anderen.**

♛ Lehne dich im Park mit dem Rücken an einen dicken Baumstamm. Spüre, wie sich das auswirkt.

♛ Tu etwas, an dem auch ein Kind seinen Spaß hätte.

♛ Überlege dir: Was war heute besonders schön?

♛ Denke an deinen größten beruflichen Erfolg. Genieße es.

♛ Ziehe ein Kleidungsstück an, das eigentlich für besondere Gelegenheiten reserviert ist.

♛ Fühle deinen Puls. Auf dein Herz kannst du dich verlassen.